La femme parfaite est une connasse ! 2

Le retour

Dans la même collection
aux Éditions J'ai lu

LA FEMME PARFAITE
EST UNE CONNASSE !
N° 10155

ZÉRO POINTÉ
N° 10158

MES PARENTS FONT DES SMS
N° 10239

FERME-LA ! MON CHÉRI
N° 10244

ANTIGUIDE DE SAVOIR-VIVRE
N° 10170

CHERS VOISINS
N° 10156

LES PERLES DE LA PRESSE
N° 10243

LES MEILLEURES BLAGUES
DE TOTO
N° 10157

COMMENT DEVENIR
UN NINJA GRATUITEMENT ?
N° 10343

LOL CHATS
N° 10502

COMMENT SURVIVRE À UNE
ÉNORME GUEULE DE BOIS
N° 10344

ANTIGUIDE DE LA MODE
N° 10536

COMMENT SAVOIR
SI VOUS ÊTES NOIR ?
N° 10626

COMMENT SURVIVRE
DANS LES TRANSPORTS
EN COMMUN
N° 10641

MINITEL ET
FULGUROPOING
N°10640

LES BOLOSS DES BELLES
LETTRES
N° 10725

CHERS VOISINS 2
N° 10724

GRUMPY CAT
N° 10714

FILLE QUI ROULE
N'AMASSE PAS MEC !
N° 10722

LA POLITIQUE
POUR TOUS
N° 10642

TOURISTA
N° 10650

ANNE-SOPHIE
GIRARD

MARIE-ALDINE
GIRARD

La femme parfaite est une connasse ! 2

Le retour

Parce que la connasse
ne meurt jamais…

Collection dirigée par Christophe Absi

Illustrations : Alice Peronnet

À vous.

« On dirait que Benjamin voudrait qu'on soit appréciés par tout le monde. Même Led Zep n'écrivait pas des chansons universelles ; ils ont laissé ça aux Bee Gees. »

Wayne's World

« Soyez vous-même, les autres sont déjà pris. »

Oscar Wilde

Sommaire

Préface 15

Avant-propos 17

La femme parfaite est mystérieuse... elle ! 20

La « *target* » 22

Je peux mourir si je ne m'achète pas ce sac ! 24

Les mecs qui se remettent trop vite de notre séparation 25

Comment savoir qu'il faut fuir cette soirée ? 26

On a notre propre sens de l'orientation 29

La femme parfaite n'est jamais déprimée 30

Les textos entre copines 32

L'enfant de notre amie est insupportable 33

TEST : Quel sociopathe êtes-vous ? 35

Pense-bête à l'usage des filles qui veulent mieux comprendre
les connasses 36

On va pas s'mentir ! 38

L'homme parfait est un connard ! 39

La théorie du « Oh, ça vaaa ! » 41

Se faire voler le nom de son futur enfant 42

On se fait des films 45

Cette coiffeuse est une connasse ! 46

Mensonges de coiffeuse 47

La chaise magique 49

Comment savoir qu'on n'était pas populaire au collège ? 50

La théorie du « *fading* » 54

La femme parfaite est discrète... elle ! 55

Quand on est bourrée 57

Le bisou du lendemain 58

Le bisou du lendemain : cas pratique 59

Très chère Véronika..60

Listes de choses qu'on aurait mieux fait de ne pas faire
en fin de soirée 63

La connasse a accouché 64

La liste des cinq stars 66

On est parti en vacances avec une connasse !....................69

La nouvelle meuf de notre ex peut nous dire MERCI ! 71

Le syndrome du : « Je suis sûre que j'ai raté mon contrôle ! » 72

Les blagues à papa 74

La théorie du « mec à trois bières ».....................................76

Comment revoir son échelle à la baisse 77

On est toutes des escroqueries..79

Phrases de connasse qui veut être gentille... Mais non.................80

Phrases de connasse qui veut être gentille... Mais qui est raciste... 81

Les légendes urbaines..83

La tyrannie du maillot de bain 84

Le régime, c'est simple !..86

Quelle « trouble maker » êtes-vous ?...................................88

OK... On se met en scène 90

OK... On se met en scène (suite) 91

Parce que parfois notre mec est une connasse......................94

La théorie du « tiré/décalé »..95

On est des « James Bond » en carton....................................96

Mettre les photos de nos enfants sur Facebook 97

Comment reconnaître l'homme parfait ? 98

« Je ne veux pas m'épiler la moustache parce qu'après
ce sera pire ! » 101

Révélation 102

Pourquoi sur la femme parfaite ça fait classe,
alors que sur nous..103

« Hey ! Si on faisait des pâtes ! » 104

« Il m'a quittée pour une plus jeune ».................................106

Ça nous rend folles ! 108

Post rupturum... Animal triste 110

J'ai perdu ma dignité !.. 112

J'ai perdu ma dignité ! : pense-bête................................. 113

« Ma mère est parfaite* » 115

Les films dont on a un peu honte mais qu'on aime
quand même.. 116

Palmarès des comédies qu'il est nécessaire de faire connaître
aux jeunes générations 117

« Comment ça se fait que tu sois encore célibataire ?! »............ 118

Phrases de connasses 119

La femme parfaite est une vraie adulte, alors que nous... 120

Comment voulez-vous que les hommes nous comprennent ?.... 122

La connasse ne prend jamais parti 124

Vous avez fait des photos compromettantes....................... 127

Le concept du « on » 128

On est des feignasses ! 130

Interdiction d'aller sur le Facebook de votre ex !.................... 132

Vous n'avez pas respecté l'interdiction d'aller sur le Facebook
de votre ex !... 133

« Y a deux écoles... »... 135

Stop aux statuts Facebook qui... 136

Internet ou comment rencontrer un psychopathe 137

Parce que la tentation est grande de se dire :
« Pourquoi je ferais l'effort... »....................................... 139

Comment savoir qu'on ne vit pas dans une comédie
romantique américaine.. 140

Le retour de la « *badass* » 142

Notre ex, cette girouette 144

Comment se donner une contenance 146

Pourquoi les femmes vont-elles à deux aux toilettes ?............ 147

On ne sait pas prendre de décision 149

On a peur de ne pas être invitée à la boum de Raoul...
encore à notre âge.. 150

Quand ta copine t'annonce qu'elle est enceinte........................... 151

Comment réussir une intervention.. 153

Le gratteur d'amitié 154

Si tu es désagréable, c'est que tu es quelqu'un d'important........ 155

Le frisson de la honte.. 156

Remerciements 159

Préface

Guide de survie pour les femmes normales, acte 2. Voici enfin le deuxième opus d'une « bible » hors normes. Croyez-moi, ce n'est pas si simple d'aller au bout d'un tel projet. De faire imprimer en toutes lettres « connasse » sur la couverture d'un livre dont le premier tome – personne n'aurait pu le deviner – a rencontré un tel succcès. Et d'écrire finalement noir sur blanc ce que des millions de femmes pensent tout bas !

Anne-Sophie et Marie-Aldine sont dans la vie à l'image de ce livre : à vos côtés dans les joies comme dans les peines, distillant leurs judicieux conseils, se réjouissant de votre réussite. Par amitié, elles vous défendront dans n'importe quelle situation, quoi qu'il se soit réellement passé (on taira ici les détails hasardeux de quelques soirées). Elles iront jusqu'à vous décoller l'étiquette de prix sur la semelle de vos escarpins (je suis d'accord sur le fait que ce soit très laid).

Quand on les rencontre pour la première fois, on pourrait se dire : « En voilà des femmes parfaites. » Et pourtant, ce sont bien Marie-Aldine et Anne-Sophie qui m'ont appris que la perfection n'existait pas. C'est dans cette optique qu'elles ont décidé de nous proposer ce guide de survie, pour tourner en dérision nos imperfections.

Je vous le disais, elles sont dans la vie comme dans ce livre, les sœurs Girard, elles donnent sans compter, sans rivalité, en toute amitié. À vous d'en profiter !

Gaëtane Deljurie

Avant-propos

Ce livre est un guide à l'usage de la femme imparfaite.

Il s'agit de la suite de *La femme parfaite est une connasse !* mais il est totalement possible de comprendre l'intégralité du contenu de ce livre si vous n'avez pas lu le premier opus (un peu comme pour les *Saw* ou les *Police Academy*).

Le but de ce livre est de continuer à s'attaquer à celle qui nous fait nous sentir si nulle... La « femme parfaite ».

Eh oui les filles, la lutte continue, parce que la femme parfaite est toujours là, à rôder, dans un seul but : nous faire culpabiliser.

C'est donc pour toutes ces raisons que nous avons décidé de vous présenter ce deuxième tome :

LA FEMME PARFAITE EST UNE CONNASSE ! 2
LE RETOUR
Parce que la connasse ne meurt jamais

La tâche n'était pas facile, la peur de décevoir... Et puis, nous nous sommes posé la question suivante : si on avait su que *La femme parfaite est une connasse !* rencontrerait autant de lecteurs, l'aurions-nous écrit différemment ?

La réponse s'est imposée à nous lors de l'écriture de ce second livre. Et cette réponse est NON. Nous avons écrit *La femme parfaite est une connasse !* pour faire rire nos copines, et **nous avons simplement découvert qu'on avait beaucoup plus de copines qu'on ne le pensait !**

Règle n° 1

On évitera de faire un doigt d'honneur quand on porte une moufle.

La femme parfaite
est mystérieuse... elle !

Alors qu'un simple merci suffirait, face à un compliment, nous sommes incapables de garder cette part de mystère qui nous serait pourtant salutaire.

« Ça te va bien les cheveux attachés ! »
C'est parce qu'ils étaient sales.

« Tu veux un chewing-gum ? »
Non merci, ça me donne de l'aérophagie.

« Ils sont jolis tes collants noirs. »
Oui, avec les collants couleur chair, on voyait ma varice.

« Il est trop beau ton sac ! »
Oui, 17 euros chez H&M.

« Elles sont belles tes chaussures ! »
Oui, elles cachent mes oignons.

« Dis donc, t'as bien réussi ! »
Oui, bon... de là à dire que je l'ai fait honnêtement...

« Tu as une jolie bibliothèque. »
Ouais, mais je les ai pas lus, c'est juste pour la déco.

« Tu chantes vachement bien ! »
Ouais, mais c'est parce que je suis bourrée.

« T'es vachement belle ! »
Ouais, mais c'est parce tu es bourrée.

« Tu es magnifique dans ta robe moulante ! »

**J'ai mis une gaine, mais ça me fait mal au ventre...
ça me donne envie de péter.**

« C'est beau ce que tu viens de dire, c'est de toi ? »

Non, c'est Poupette dans *La Boum*.

« Tu as toujours voulu être comédienne ? »

**Non, en fait, je voulais faire de la danse mais j'étais
trop grosse.**

« Ça m'impressionne que tu saches ça... »

Je viens de regarder sur Wikipédia.

« Elle est chouette ta jupe ! »

**On dirait du cuir mais c'est du simili, un coup
d'éponge et hop !**

« Merci pour le dîner ; je me suis régalée. »

Dis merci à Picard.

« Il est délicieux ton vin blanc, je te ressers ? »

Non merci, ça me donne des cystites.

Éviter aussi de répondre « IL PEUT ! »

« Il est beau ton sac...
– *Il peut !* »

« Il est gentil ton fils...
– *Il peut !* »

« Ils sont beaux tes seins...
– *Ils peuvent !* »

La « *target* »

Target = terme anglais désignant la « cible ».
La « *target* » est notre cible, celui sur qui nous avons jeté notre dévolu.

Il y a pire qu'être célibataire, c'est de ne pas avoir de *target*, quelqu'un qui nous plaît.

Sans *target*, qui va nous donner envie de bien nous habiller le matin ? De nous faire jolie avant de sortir ?

(C'était évidemment de la pure rhétorique... Bien sûr que nous n'avons besoin de personne, mais « avoir une target c'est chouette ! »)

En soirée, on se débrouille pour être constamment dans son champ de vision pour voir s'il nous regarde. *(Ça fait passer le temps quand c'est une soirée pourrie.)*

Témoignages :

« Je me suis trouvé une target au boulot, ça me motive à y aller tous les matins, et j'espère le croiser à la machine à café. »

« Quand j'arrive en boîte, la première chose que je fais, c'est faire le tour pour me trouver une target ; après, je n'ai plus qu'à danser sur le podium pour être dans son champ de vision. »

« Le matin, je me lève et je me dis que je vais sûrement le croiser et ça me motive pour me laver les cheveux. »

N.-B. : Non, avoir une *target* n'est pas tromper.
Il n'est absolument pas nécessaire d'être célibataire pour en avoir une. C'est vrai, ça mange pas de pain d'avoir une petite motivation qui nous pousse à ne pas venir au boulot/lycée en pyjama.

Règle n° 2

*On évitera de dire :
« La chance ! 3 kilos
avant l'été ! »
quand notre collègue
nous annonce
qu'elle a une gastro.*

Je peux mourir si je ne m'achète pas ce sac !

« Le manque de sens des proportions » est un problème d'échelle dans nos réactions qui nous pousse à agir de façon plutôt étrange, voire flippante.

On est, par exemple, capables de hurler et de se rouler par terre de joie parce qu'on a vu une coccinelle bleue.

« Je pense que mon manque de sens des proportions vient du fait que quand j'étais petite, ma mère me disait : "Si tu ne manges pas ton Flanby, tu vas être mangée par les ours !" »

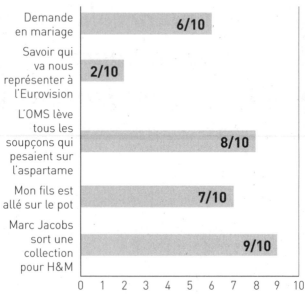

Exemples de réactions à différentes annonces (évaluation sur 10)

Les mecs qui se remettent trop vite de notre séparation

Une séparation est toujours difficile, qu'on en soit à l'initiative ou pas.

Dans la théorie, nous ne voulons aucun mal à notre expetit ami, mais dans la pratique, il est humain de lui souhaiter du mal, ou pire... un herpès.

Lorsque la séparation se passe bien, nous devrions souhaiter que notre ex continue tranquillement sa vie, qu'il soit heureux... Pourtant, quelque chose au fond de nous (que nous appellerons ici « notre double maléfique »*), nous pousse à souhaiter que notre ex vive mal notre séparation.

Malheureusement notre ex ne connaît pas les convenances, alors qu'il devrait être au fond du trou, terrassé de douleur, se repassant en boucle les souvenirs de notre relation... Il va bien ! Certains iront même jusqu'à dire qu'ils ne l'ont jamais vu aussi heureux de toute sa vie !

Questions qui se bousculent dans notre tête :
- *Comment fait-il pour continuer à vivre sa vie comme si de rien n'était ?*
- *Comment vais-je me débrouiller pour qu'il me croise avec un mec hyper canon ?*
- *Comment vais-je m'habiller quand je vais le revoir pour qu'il puisse prendre toute la mesure de ce qu'il rate ?*

En fait, on voudrait qu'il reste toute sa vie amoureux de nous... OK, on est des psychopathes.

---

* Voir le chapitre « Le retour de la *"badass"* », p. 142.

Comment savoir qu'il faut fuir cette soirée ?

- Tout le monde est bourré... sauf vous.

- **Personne n'est bourré... sauf vous.**

- Vous êtes la seule personne déguisée.

- **Il n'y a plus rien à boire à 23h.**

- Il n'y a que des célibataires et vous allez encore passer pour la meuf chiante qui traîne son mec partout.

- **On vous demande de quitter vos chaussures à l'entrée.**

- On vous demande de parler « un peu moins fort ».

- **Un des invités a mis sa cravate autour de la tête.** *(Parce qu'il est foufou.)*

- Il n'y a que des couples, vous êtes la seule célibataire... L'horreur !!

- **Les mecs de la soirée ont commencé à enlever leurs tee-shirts.** *(Exception faite des rugbymen du Sud-Ouest qui, eux, ont le droit. C'est même fortement recommandé.)*

- Quelqu'un a changé la musique alors que vous commenciez à entamer votre fameuse chorégraphie sur *Toxic* de Britney Spears.

- **L'hôtesse a décidé de vous montrer ses albums de vacances « avec les cousins à La Baule ».**

- Les invités bossent tous dans la même boîte et ont beaucoup d'anecdotes sur « Gilles de la compta ».

- **Il s'agit d'un buffet végétarien faible en calories.**

- Vous vous rendez compte que les hôtes ont organisé un combat de chiens.

- **Alors que vous avez mis votre robe spéciale NRJ Music Awards... Tout le monde est en short et en espadrilles.**

- L'un des invités a décidé d'improviser un slam.

- **Vous vous réveillez au milieu de la soirée dans une baignoire pleine de glace avec un rein en moins.**

- Les invités sont tous nus et portent des masques de catcheurs mexicains.

- **Il n'y a que des gens qui n'ont pas ri en lisant *La femme parfaite est une connasse !***

FUYEZ !!

Règle n° 3

*On attendra un an
et un jour
avant de dire
ce qu'on pensait
réellement de l'ex
de notre amie.*

On a notre propre sens de l'orientation

Il existe une vieille rumeur misogyne selon laquelle les femmes n'ont pas le sens de l'orientation... Il est temps de rétablir la vérité !

Ce n'est pas qu'on n'a pas le sens de l'orientation, c'est juste que certaines d'entre nous ont leur propre façon de s'orienter*.

C'est pourtant pas compliqué de s'exprimer simplement. Quand on dit « C'est dans la rue de Zara », tout le monde comprend !

« Tu descends la rue... »

Une phrase toute simple comme : « Tu descends la rue » peut être sujette à interprétation. En clair, pour nous, ça reste flou, alors soyez précis :

- Descendre comment ?
- La rue est-elle en pente ?
- Les numéros de la rue descendent-ils ?
- Tu vas dans le sens des voitures ?

Lorsqu'on sort d'un magasin ou d'un ascenseur et qu'on repart inévitablement dans le même sens (le mauvais**), cela peut effectivement être assimilé à un manque de sens de l'orientation, mais c'est le seul cas que nous avouerons ici.

Nous aurons alors une pensée émue pour nos conjoints qui nous répètent à longueur de temps : **« Non, c'est par là ! »**, pour s'entendre répondre, avec une mauvaise foi absolue : **« Oui, ben ça va, je sais ! »**

---

*   Principe de la mauvaise foi.

**   Faisant partie de cette catégorie, les auteurs compatissent sincèrement.

La femme parfaite
n'est jamais déprimée

La femme parfaite est toujours d'humeur constante, heureuse, épanouie.

Alors que nous... On va pas s'mentir, c'est pas toujours la fête.

Au mieux, on a une petite déprime saisonnière, au pire :

- **Plus envie de rien.**

- Crise d'angoisse.

- **Regarder notre chat en se disant qu'on aimerait bien avoir sa vie.**
  (Sa vie se résumant à dormir, manger et s'extasier devant une boulette de papier.)

- Passer du rire aux larmes, au rire, aux larmes... Tout ça en une minute.

- **Envie d'égorger tout le monde... même ses propres enfants... SURTOUT ses propres enfants !**

- Cette envie de pleurer tout le temps, même devant une publicité sur une boîte de maïs.

- **Ce regard bovin fixé dans le vide, qui semble dire : « Achevez-la, vous voyez bien qu'elle souffre ! »**

La femme parfaite, elle, ne connaît rien de tout ça...

Phrases de connasse :

- « *Tu sais, quand on veut on peut.* »

- **« Ça va aller. »**
    (Oui, sûrement que ça va aller un jour, mais
    là, maintenant, tout de suite, j'ai comme une
    envie de mettre ma tête dans le micro-ondes.)

- « *Tu as pourtant tout pour être heureuse.* »

- **« Ça, c'est dans la tête... »**

- « *Tu sais, ceux qui travaillent au fond des mines
    n'ont pas le temps d'être déprimés.* »

- **« Faut s'remuer ! »**

- « *Prends-toi en main.* »

- **« Souris à la vie, et tu verras, la vie te sourira. »**

**STOP ! Les gens qui vont toujours bien,
ça n'existe pas !**

Vous penserez à ça la prochaine fois que
vous pleurerez en écoutant *All by myself*
tout en mangeant un pot de glace dans
votre pyjama pilou*.

---

* À condition évidemment que vous fassiez des dépressions
comme dans les comédies romantiques américaines.

Les textos entre copines

Étape 1 : La validation d'un texto ou « *Comment polémiquer 23 minutes sur l'éventuelle utilisation du terme "coucou" en introduction* ».

Rappelez-vous que la capture d'écran est une formidable avancée dans notre psychopathie (ou transfert, copier/coller...) lorsque vous voulez raconter vos aventures à vos amies, ça évitera tout manque de précision qui pourrait avoir d'énormes conséquences.

Étape 2 : « Mais sois précise ! Il t'a écrit "je t'appelle" ou "on s'appelle" ? »

Étape 3 : « *Pourquoi je lui ai envoyé ça ?!!!* »
- Message nul
- Message incompréhensible
- Message insultant

Ou quand on a essayé de faire une vanne qui s'avère (par ordre de gravité) :
1. Nulle
2. Super connue
3. Raciste
4. Super connue, nulle et raciste (et/ou à connotation sexuelle)

Témoignages :
« *Vas-y, je te l'envoie d'abord et tu me dis ce que tu ressens quand tu l'ouvres, quand tu le découvres...* »

« *Il m'a pas répondu depuis 14 secondes... Il me hait*.* »

---

* Cf. Le sens des proportions « Je peux mourir si je ne m'achète pas ce sac ! », p. 24.

L'enfant de notre amie
est insupportable*

« Mon fils cherche le contact, c'est sa façon à lui d'attirer l'attention. »
Haaan, d'accord, moi qui croyais que ton fils de 3 ans venait juste de te donner un coup de poing en t'insultant.

« Tu as vu, il réussit à faire des phrases. »
Oui, en même temps, il a 7 ans.

« J'allaite à la demande et surtout le plus longtemps possible. »
Et ça ne te fait pas mal avec son appareil dentaire ?

« Je la laisse s'exprimer, car je ne veux pas que Marika soit frustrée. »
Oui, tu as raison, ce serait dommage de ne pas la laisser se rouler par terre en hurlant...

« Mon fils est en échec scolaire, mais je pense que c'est parce qu'il est surdoué. »
Écoute, pour très bien connaître ton fils, je peux t'assurer que ce n'est pas pour ça...

« Mathis est hyperactif. »
Ah, c'est comme ça que tu appelles « insupportable ».

« Je ne veux pas que ma fille fréquente ce genre de garçon. »
En même temps, c'est elle qui lui vend son crack.

« J'ai insisté auprès de la maîtresse de Léopold pour qu'il saute une classe. »
Elle a rigolé ?

« Je ne le gronde jamais, il doit faire ses propres erreurs. »
Mais il vient de tuer un bébé chat là, quand même...

---

* À bien y penser, ce n'est peut-être pas L'ENFANT de notre amie qui est insupportable...

Règle n° 4

> *On arrêtera de dire :*
> *« Ça vous dit*
> *qu'on monte*
> *un bar tous*
> *ensemble ?! »*

TEST : Quel sociopathe êtes-vous ?

Cochez les cases ci-dessous si :

☐ Vos ex-petits amis déposent régulièrement des mains courantes contre vous et/ou Interdiction d'approcher à plus de 50 mètres.

☐ Vous avez donné à votre enfant un des prénoms de la série *Les Feux de l'amour*.

☐ Vous collectionnez les figurines des œufs Kinder et les disposez le long du tableau de bord de votre voiture.

☐ Vous offrez des Smartbox.

☐ Vous avez tué plus de deux personnes ces deux dernières années.

☐ Vous n'aimez pas le rosé.

☐ Vous connaissez les noms et prénoms de tous les personnages des séries AB Productions.

☐ Vous aimez torturer des petits animaux.

☐ Vous reprenez les autres : « On ne dit pas *par contre*, on dit *en revanche*. »

Résultat :

● Vous avez coché entre 0 et 2 cases :
Vous n'êtes pas plus sociopathe que nous.

● Vous avez coché entre 2 et 4 cases :
Vous avez quelqu'un autour de vous à qui vous pouvez en parler ?

● Vous avez coché 5 cases ou plus : **Lâchez ce livre et éloignez-vous tout doucement...**

Pense-bête à l'usage des filles qui veulent mieux comprendre les connasses

ELLE DIT...   **ELLE PENSE**

C'est tout à fait ton style.

Tu as un style dégueulasse et/ou de merde.

Samedi ? Pourquoi pas, à voir...

À voir... si vraiment j'ai rien de mieux à faire.

C'est pas du tout comme ça que j'imaginais ton mec.

Il est moche.

Tu n'es peut-être pas faite pour les études.

C'est grave ! C'est très très grave ! Tu vas finir sur le trottoir !

Elle est rigolote cette fille !

C'est vrai qu'elle amuse la galerie, mais pourquoi se sent-elle obligée de se donner en spectacle comme ça ?

C'est original comme prénom Marie-Aldine.

C'est surtout imprononçable.

Tu es drôlement sexy.

*Vulgaire ! C'est « vulgaire »
le mot que je cherchais en fait.*

Je ne le porterais pas, mais ça te va bien.

*Je me demande même comment
tu oses le porter.*

Ton mari est plombier ?! Il en faut...

*Mais tu oses le dire, comme ça,
devant tout le monde ?!*

Ton fils est mécanicien ?! Il en faut...

*Mon Dieu, heureusement que mon fils
ne fait pas ça, il fait des études de philo*.*

---

* Études de philo ou mécanique... Voyons, voyons, lequel aura le plus de débouchés ? *(On sent bien l'ironie ?!)*

On va pas s'mentir !

On va pas s'mentir, en tout cas pas ici... Pas dans ce livre !
On doit avouer que :

- On se met à **chanter devant notre glace** pendant les pubs de *The Voice* en imaginant être devant le jury *(ou ÊTRE le jury)*.

- On a voulu se mettre au **surf** parce qu'on a vu le film *Point Break*.

- On retravaille régulièrement notre **discours de remerciement aux César**. *(On aurait préféré les Oscars, mais il fallait faire un discours en anglais.)*

- On danse dans notre salon pendant *Danse avec les stars*. « Je mérite **au moins un 8** avec ce *chacha*, large ! »

- On craque littéralement sur les **photos/vidéos de chats**. *(Et on force tout le monde à les regarder et à répondre à la question : « Est-ce que tu as déjà vu quelque chose d'aussi mignon ? »)*

- On a voulu se mettre à **l'archéologie** après avoir vu *Indiana Jones*. *(Pour enfin pouvoir porter un chapeau en cuir et avoir l'air cool.)*

- On s'est demandé **à quelle maison de Harry Potter** on appartenait. *(Pour info, les auteurs n'appartiennent pas à la même maison puisque l'une d'entre elles est une Serpentard et l'autre une Gryffondor).*

P.-S. : Un débat « Sommes-nous des **Lannister** ? » a été ouvert durant l'écriture de ce livre, mais les auteurs n'ont pas donné suite.

L'homme parfait est un connard !

Suite au premier opus *La femme parfaite est une connasse !*, un grand nombre d'entre vous nous ont demandé : « À quand *L'homme parfait est un connard* ? »

Nous sommes au regret de vous annoncer que ce livre ne verra pas le jour*.

Et ce pour trois raisons :

1. Parce que **l'homme parfait n'existe pas**.

2. Parce qu'un homme parfait ne nous filera **jamais autant de complexes** qu'une femme parfaite.

3. Parce que si nous avions dû écrire ce livre, il se serait intitulé :

L'HOMME PARFAIT EST UNE CONNASSE !

---

* Nous sommes conscientes de la déception que peut engendrer une telle déclaration, cependant, si l'une d'entre vous connaît ou a dans son entourage un spécimen d'« homme parfait », qu'elle n'hésite pas à nous faire parvenir son témoignage, nous reverrons alors peut-être notre jugement.

Règle n° 5

*En vacances,
on sortira en priorité
avec des étrangers,
comme ça avec notre
niveau d'anglais,
s'ils sont
complètement crétins,
on ne s'en rendra
pas compte.*

La théorie du « Oh, ça vaaa ! »

Quand on décide sagement de rentrer d'une soirée entre amis, il y a toujours l'un d'eux pour tenter de supprimer le terme « sagement » de notre vocabulaire.

On l'appelle le pote « Oh, ça vaaa ! ».

Vous le reconnaîtrez aisément par ces deux phrases :

« Oh, ça vaaa ! C'est pas une heure de plus ou de moins... »

« Oh, ça vaaa ! C'est pas un dernier verre qui va te... Hein ?! »

Il joue sur différents tableaux :

- **La générosité :**

    « Oh, ça vaaa ! Prends un dernier verre ! C'est pour moi, ça me fait plaisir ! »

- **La culpabilité :**

    « Oh, ça vaaa ! Pour une fois qu'on se voit. »

- **L'agacement :**

    « Oh, ça vaaa ! Mais merde, on n'a qu'une vie ! »

- **La confiance :**

    « Oh, ça vaaa ! Ce qui se passe à Barcelone reste à Barcelone. »

- **Le reproche :**

    « Oh, ça vaaa ! Tu sais quoi, t'as changé... »

- **La philosophie :**

    « Oh, ça vaaa ! On dormira quand on sera mort. »

P.-S. : C'est peut-être lors d'une soirée avec votre pote « Oh, ça vaaa ! » que s'est cachée votre dignité.

Se faire voler le nom de son futur enfant

Si quelqu'un vous révèle le prénom qu'il désire donner à son futur enfant, vous aurez dès lors INTERDICTION de l'envisager pour le vôtre, et ce, pour le reste de votre existence. *(On ne peut pas être plus claires.)*

On vous voit venir... Oui ! Même si c'est avec une orthographe différente !

« Pppffff ! ! Mais ça n'a rien à voir ! Mon fils c'est Matthys ! Avec deux T et un Y... »

Non, c'est pareil.

S'applique également aux :

- Thèmes de mariage.
- Thèses de doctorat (pour les plus zélés).
- Tatouages.
- Orientations sexuelles.

« J'étais gay avant toi !! Faut vraiment que tu fasses tout comme moi ! »

Les auteurs, dans leur grande générosité, ont pensé à joindre des bons à découper. (Bon pour un veto sur prénom)

Vous trouverez 3 bons à découper sur lesquels vous écrirez le prénom que vous souhaitez donner à vos futurs enfants et que personne d'autre n'aura le droit d'attribuer. (Même si orthographe différente !)

**BON POUR UN VETO
SUR PRÉNOM**

*Nul n'aura le droit de donner
le prénom inscrit au dos de ce bon
à son futur enfant.
(Même si orthographe différente.)*

**BON POUR UN VETO
SUR PRÉNOM**

*Nul n'aura le droit de donner
le prénom inscrit au dos de ce bon
à son futur enfant.
(Même si orthographe différente.)*

**BON POUR UN VETO
SUR PRÉNOM**

*Nul n'aura le droit de donner
le prénom inscrit au dos de ce bon
à son futur enfant.
(Même si orthographe différente.)*

PRÉNOM DÉPOSÉ :

PRÉNOM DÉPOSÉ :

PRÉNOM DÉPOSÉ :

On se fait des films

Se faire des films = action qui consiste à se projeter (s'imaginer des choses, à faire un rêve éveillé).

Qui ne s'est jamais refait 12 fois le même scénario dans sa tête ? Celui du beau brun, champion de surf, qui insiste pour donner votre nom à sa planche préférée et qui, sublime... (Au temps pour nous, on s'égare).

> *« J'adore me faire des films en m'endormant. Mon préféré c'est celui où j'ai un nouveau voisin avec qui je vis une grande histoire d'amour. »*

> *« C'est compliqué de se faire un film avec une star américaine parce que je parle mal anglais et que Colin Farrell qui parle français, c'est pas vraiment crédible. »*

Oui, tu as raison, alors que de voir débarquer Colin Farrell sur la place de la mairie de Grenoble pour t'inviter en week-end, ça, c'est crédible...

C'est vrai que la barrière de la langue est un vrai problème, c'est pourquoi apprendre que Bradley Cooper parle français a été un vrai soulagement pour nous toutes.

Dans nos films on peut s'imaginer tenir tête à notre patron, sauver un enfant de la noyade, être encore l'héroïne du prochain épisode de *Freddy*. (Ouais, que des trucs cool !)

> *« Perso, j'ai déjà reçu 8 Emmy Awards, 4 César et 2 Victoires de la musique. »*

> *« J'ai eu le prix Nobel 2 fois, avec mention. »*

> *« Je me suis déjà fait le film que mon mec mourait... Mais un truc classe, en sauvant des enfants d'un hôtel en flammes... Un véritable héros américain. »*

Cette coiffeuse est une connasse !

Liste des phrases qu'on ne supportera plus d'entendre venant de notre coiffeuse :

« On fait un soin ? »

Non merci, surtout sachant que votre soin coûte l'équivalent de 18 fois le SMIC horaire mexicain. *(Vous cassez pas, on a fait le calcul.)*

« On fait un balayage "Éclat lumière californien" ? »

Oui, mais alors, vous voyez les grosses mèches jaunes que vous avez sur la tête ? Eh bien, je voudrais tout sauf ça !

« Je vais vous les couper au rasoir, c'est une nouvelle technique. »

Essayez déjà de le faire correctement avec des ciseaux et après on verra.

« On coupe les pointes ? »

Sachez que la coiffeuse n'a pas la même notion de grandeur que nous, 2 cm n'égalent pas forcément 2 cm... *(Mais il faut avouer que quand on dit « coupez-m'en une pétoule », c'est pas très clair non plus.)*

« Ça va ? »

Pourquoi ?! Parce que je pleure à chaque fois que vous donnez un coup de ciseaux et que je me répands dans votre salon... « Ma vie est finie vous entendez ! Ma frange est beaucoup trop courte maintenant ! »

« J'ai été obligée de couper plus que prévu parce qu'ils étaient vraiment abîmés. »

Alors écoutez-moi bien, si vous étiez chirurgien et que vous aviez découvert une vilaine tumeur, là... et seulement là... vous auriez été en droit de prendre une telle initiative.

Mensonges de coiffeuse

Mensonges de coiffeuse :

« *Ça va dégorger.* »

« *C'est très tendance l'auburn.* »

« *Plus on coupe souvent, plus ça pousse.* »

« *Ça vous va très bien la coupe mulet.* »

On l'a toutes voulu :

- Le carré de Samantha Micelli dans *Madame est servie*.
- La frange pin-up de Betty Page.
- Le dégradé de Rachel Green dans *Friends*.
- Le tie and dye. (Ce qui pour beaucoup d'entre nous se résumait malheureusement à de très grandes racines.)

Accidents capillaires : *OK, pour l'instant c'est cool, mais croyez-nous, on en rira dans quelque temps.*

- La crête.
- La mèche longue plaquée devant avec des barrettes et court derrière.
- Le rasé sur le côté.
- La coupe mulet.
- Le tie and dye.

Note de l'auteur : Un big up à ma coiffeuse qui m'a vue passer du blond au roux et du brun au blond sans jamais me juger... Ou alors pas ouvertement.

Règle n° 6

> ## *On arrêtera de penser que notre balance est cassée*.*

---

* Et on évitera de se précipiter pour en acheter une nouvelle.

La chaise magique

Que faire d'un vêtement lorsque nous ne l'avons porté qu'une journée ou quelques heures ?

- Est-il propre ?
- Est-il sale ?
- Doit-on le ranger ou le laisser sorti ?

C'est le genre de questions existentielles que l'être humain se pose chaque jour, le genre de préoccupations capables de nous tenir éveillées des nuits entières.

Et c'est pour cela qu'a été mis au point le concept de :

LA CHAISE

Il faut cependant savoir que la « chaise » a son équivalent chez les hommes : la « chaise magique ». Il n'y a qu'une seule règle :

Un vêtement « sale » posé sur une chaise redeviendra, comme par magie, « propre » 3 jours plus tard.

Comment savoir qu'on n'était pas populaire au collège ?

Pour les adolescents, le niveau de popularité revêt une importance majeure. L'étudiant.fr définit le fait d'être populaire par : « Paraître cool, connaître tout le monde, être imité, voire envié... »

Quelques indices qui prouvent que nous ne l'étions pas :

- **Notre surnom à l'époque était : la « folle ».**
- Cette connasse de Virginie Présiado nous a un jour appelé la « vache » ; les autres collégiens ont fait « meuh » pendant 4 ans en nous croisant.
- **Personne n'a jamais écrit dans notre agenda.**
- On n'était pas invité aux fêtes... Ou alors seulement parce que la fête était chez nous ou qu'on fournissait l'alcool *(ou autre...)*.
- **On a décrété un jour ne pas aimer fêter notre anniversaire tout ça parce qu'on avait la trouille que personne ne vienne.**
- Le prof nous demandait de surveiller nos camarades quand il sortait un instant de la classe.
- **On était inscrit au club lecture/CDI/Maracas...**
- On avait une doudoune « Quevignion », un jean « Levas » et des baskets « Adidous ».
- **Le prof ne citait jamais notre nom en faisant l'appel.**
- Personne ne remarquait notre absence.
- **Notre seul ami était Toofic, notre ami imaginaire.**

- On était choisi en dernier en sport.
- **Une rumeur disait qu'on avait la gale** *(mais c'était de l'eczéma).*
- Personne ne nous gardait une place à la cantine *(sauf la dame de la cantine, notre confidente).*
- **On nous a appelé « le nouveau » pendant 5 ans parce qu'on est arrivé le lendemain de la rentrée.**
- Un élève a volontairement mis le feu à nos cheveux.
- **C'est notre numéro de téléphone qui était écrit dans les toilettes sous l'inscription « Je suce pour un BN ».**
- Notre père était prof dans notre collège.
- **Un jour, Nadia nous a dit que Julien voulait sortir avec nous... Mais elle s'était trompée de fille.**
- On déjeunait seule. Dans les toilettes.
- **On nous demandait automatiquement de « garder les sacs ».**

Soyez patiente, le collège ne dure pas toute la vie... **la roue tourne* !**

---

* Voir « La star du collège vieillit mal », *La femme parfaite est une connasse !* Vol. 1.

Règle n° 7

*On verra
le soutien-gorge
à moitié plein
plutôt qu'à moitié
vide !*

Règle n° 8

*On arrêtera
de voir une
« mi-molle »
là où on pourrait voir
une « mi-dure ».*

La théorie du « *fading* »

Le « *fading* », terme anglais que nous traduirons par « dégradation ».

Dans un couple, c'est le moment où tout ce que fait notre conjoint nous énerve au plus haut point. Tout, chez lui, nous devient insupportable.

<u>Exemple :</u> **« *C'est dingue comme tu respires fort !!* »**

Avant	Maintenant
Il est sportif	Il sent la transpiration
Il est travailleur	Il n'est jamais là
Il ne boit pas d'alcool	Il est chiant
Il a un petit pénis mais sait bien s'en servir	Une petite bite reste une petite bite
J'adore son accent italien	C'est pourtant pas compliqué de prononcer correctement CHIROPRACTEUR
Il est attachant	Il est collant
C'est un artiste	Il vit à mes crochets

La femme parfaite
est discrète... elle !

Quelle ne fut pas notre surprise lorsqu'on a demandé à un ami les qualités qu'il recherchait chez une femme et qu'il a répondu, notamment, « la discrétion ».

Malheureusement, le mot « discrète » ne fait pas partie de notre vocabulaire.

Listes de trucs à éviter pour être considérée comme « discrète » :

- **Se moucher très fort.**
- Crier : « Oh mon Dieu !!!! Mais qu'il est trop mignon ce trombone rose !! »
- **Se rouler par terre quand on a envie d'un TUC*.**
- Secouer énergiquement ses bras dans tous les sens pour attirer l'attention de quelqu'un.
- **Éternuer dans ses mains.**
- Porter des chapeaux rigolos *(ou faits soi-même)*.
- **Remonter son collant en pleine rue.**
- Couper son collant sur les côtés *(ils sont toujours beaucoup trop serrés à la taille !)*.
- **Placer du papier toilette sur la cuvette et en garder un morceau collé contre la cuisse** *(chut... les hommes ne sont pas au courant qu'on fait ça)*.
- Aboyer après ses enfants en les menaçant d'une mort tragique s'ils ne restent pas assis dans le Caddie.
- **Ouvrir le premier bouton de son jean à table.**
- Vider l'intégralité de son sac par terre pour trouver un truc.

---

* TUC : cracker salé (désolé pour ceux qui pensaient que c'était les initiales d'un truc super cool, on comprend votre déception).

Règle n° 9

> *On arrêtera de penser constamment qu'on est entourées de « pervers narcissiques ».*

Quand on est bourrée...

Il y a souvent un moment dans la soirée où on passe du « *Je reprendrais bien un verre de rosé* » à « *Hey ! Je crois bien que je suis bourrée ! Hihi !* ». On peut facilement situer ce basculement, car il s'accompagne de certains comportements, tels que :

- **On danse super bien :**
  > « *Hey ! Tu m'as vu faire le robot ?* »
- **On se trouve super drôle :**
  > « *Hey ! Tu connais celle de la pute et du rabbin ?* »
- **On est généreux :**
  > « *C'est ma tournée, on n'a qu'une vie !* »
  > « *Vas-y, on s'en fout !* »
- **On parle couramment anglais/espagnol/italien :**
  > « *Si, parla italiano molto bene cappuccino.* »
- **On fait des trucs incroyables avec notre corps :**
  > « *Hey ! Regarde comme je fais bien la roue !* »

Le débrief

Au lendemain d'une soirée arrosée a lieu le traditionnel « débrief ». Ce moment où on se remémore la soirée de la veille, et où on doit raconter ce qui s'est passé à certains potes Gremlins* qui n'en ont aucun souvenir.

Les flashs

Moments de la journée succédant à une soirée où des images et des bribes de discussions nous reviennent à l'esprit, et où la seule chose qu'on peut dire est : « Oh merde... »

---

* Gremlins = personne à qui il ne faut pas donner à boire après minuit.

Le bisou du lendemain

Nous avons beau être des femmes sûres de nous et de ce que nous voulons dans la vie, il y a des situations devant lesquelles nous perdons tous nos moyens.

L'une d'entre elles est l'épreuve dite du **« bisou du lendemain »**.

Ce moment genant où, ayant embrassé un garçon la veille, on le revoit le lendemain.

- *Est-ce que je dois l'embrasser ?*
- *Lui faire la bise ?*
- *Lui faire un bisou sur la bouche ?*
- *Une tape dans le dos ?*
- *Esquisser un pas de danse tout en chantant l'hymne national version salsa ?*

En bref : « Est-ce que je dois l'embrasser ? »

Tout d'abord, si vous vous êtes donné rendez-vous, faites en sorte d'arriver avant lui, ainsi, vous serez déjà installée quand il arrivera et ce sera à lui de vous dire bonjour.

Il sera donc dans l'obligation de prendre l'initiative de vous embrasser sur la bouche ou de vous faire la bise.

Le bisou du lendemain :
cas pratique

Si par malheur cette stratégie échoue et que vous êtes dans l'obligation de prendre l'initiative, embrassez le garçon sur la joue en effleurant le coin de sa bouche, ça sèmera le doute dans son esprit...

C'est un peu l'équivalent de : « Ne se prononce pas. »

Très chère Véronika...

Nous interrompons ici la lecture de ce livre, car nous souhaitons remercier toutes celles et tous ceux qui ont lu, aimé et partagé *La femme parfaite est une connasse !*

Cependant, nous allons tout de même prendre un peu de temps pour répondre aux autres :

- *« Je n'ai pas ri une seule fois ! Je dois vraiment être une connasse. »* *Lilou25*

  Nous nous sommes également interrogées à ce sujet et nous sommes arrivées à la même conclusion.

- *« Quand vous dites "Dans ton cul", à quoi pensez-vous ? »* *Tarteàlafraise*

  Alors, comment vous dire... C'est compliqué à expliquer sans faire un schéma ou sans mimer.

- *« J'ai acheté ce livre, PAF DE LA MERDE ENTRE LES MAINS. Lire cette daube me rend folle, qui sont les deux débiles qui ont écrit ce truc ? »* *Véronika*

  Très chère Véronika, nous pouvons aisément comprendre votre révolte et la haine qui vous pousse à écrire ces quelques lignes. En effet, comment rester impassible devant la violence de « La jurisprudence de la frange » ou encore notre propagande pro « cacahuètes » ?

- **« *Était-il nécessaire d'utiliser un tel langage ?* »**
  Mathildadu75

  > Laissez-nous réfléchir... Hum... OUI. Le mot « couille » sera toujours plus drôle que le mot « testicule ». (Quoique « testicule » c'est rigolo comme mot, TES.TI.CULE, Hihi !)

- **« *Sincèrement, j'ai pas vu ce qui était drôle...* »** *Merlin42*

  > Cher potentiel futur ami,

  > Loin de nous l'idée de vous juger. Nous n'avons pas tous la même sensibilité, de ce fait, nous pouvons imaginer à quel point la lecture de cette œuvre a pu vous paraître interminable. Vous deviez vous sentir si mal à l'aise, un peu comme si vous assistiez à une fête à laquelle vous n'étiez pas invité. Mais il faut l'avouer, c'était un peu le cas. En revanche, sachez que de notre côté, nous ne vous tenons pas rigueur de vous être incrusté.

  > Bien connassement.

Les auteurs précisent, à toutes fins utiles, que *La femme parfaite est une connasse !* est un livre d'humour.

Quelques indices qui devraient pouvoir vous mettre la puce à l'oreille :

- Le terme « humour »***** qui apparaît sur le dos du livre.
- Le titre *La femme parfaite est une connasse !* qui, même s'il peut être facilement confondu avec *Ainsi parlait Zarathoustra*, aura tendance à nous mettre sur la voie de la franche déconnade.

---

* Humour, synonyme de « déconnade », « galéjade », « conneries », « hahaha », « LOL », « MDR », « grosse marrade ».

Règle n° 10

On évitera de dire
que notre chat
ressemble
à une célébrité.*

---

* Comme notre pote Nora, qui pense sincèrement que son chat
ressemble à Rihanna.

Listes de choses qu'on aurait mieux fait de ne pas faire en fin de soirée

- Sortir les liqueurs du placard *(les trucs imbuvables qu'on a ramenés il y a deux ans des Baléares ou cette vieille bouteille qui n'a plus d'étiquette mais qui sent l'alcool).*
- **Envoyer un texto à son ex*.**
- Se mettre à ranger son armoire.
- **Prendre de grandes résolutions.** *(On les aura oubliées le lendemain... Et c'est tant mieux.)*
- Dire à tout le monde qu'on les aime. Même aux gens qu'on ne connaît pas.
- **Jurer « qu'on ne nous y reprendra plus ».**

Faire des promesses :

« Je te promets que si un jour tu tues quelqu'un, je t'aiderai à cacher le corps. »

Avoir de grandes théories (sur à peu près tout) et lancer des débats :

« Les méfaits du tennis sur la sécurité routière. »

« C'est qui le plus fort ? De Niro ou Pacino ? »

« Pour ou contre le port de la moustache en milieu urbain ? »

Jouer à « Tu tues ?/ Tu couches ?/ Tu épouses ? »

Ce jeu consiste à citer 3 noms de garçons de notre entourage *(ou présents dans la soirée)* et à décider qui tu tues, avec qui tu couches et qui tu épouses.

Par exemple : « Je couche avec Tom, j'épouse Cyril et je tue Jonathan. »

Attention : ce jeu peut froisser quelques susceptibilités.

---

* Voir « Interdiction du texto bourré », *La femme parfaite est une connasse !* Vol. 1.

La connasse a accouché

La femme parfaite n'est pas comme nous, elle n'est pas faite comme nous. *(Nous la soupçonnons même de ne pas être humaine... Mais c'est un autre débat.)*

Après un accouchement, alors que nous traînons péniblement notre surplus pondéral de la chambre au salon... La femme parfaite, elle, est au top !

● Elle rentre dans un 34.

Alors que nous, on nous demande : « C'est pour quand ? »

● Elle n'a même pas eu besoin d'acheter des vêtements de grossesse.

Alors qu'on continue à les porter 6 mois après notre accouchement.

● Elle ne parle que d'une seule voix avec son mari.

Alors qu'on agresse le nôtre dès qu'il veut donner son avis : « Pas d'utérus, pas d'avis ! »

● Elle a gardé ses seins de grossesse.

Alors que les nôtres ressemblent à des oreilles de cocker déprimé.

● Elle n'a pris que 5 kilos durant sa grossesse.

Alors qu'on en a pris plus pendant les fêtes !

Règle n° 11

> *On arrêtera de dire qu'on est célibataire. On est parisienne, nuance !*

La liste des cinq stars

Nous devons fidélité à notre conjoint, voici un fait établi.

Si dans le premier opus, nous avons mis en lumière un vide juridique concernant la fidélité, nous profitons de ce chapitre pour vous faire part d'une autre de nos découvertes.

Ce n'est pas vraiment tromper si... *(roulements de tambour)* **: c'est avec une de nos personnalités préférées.**

À l'instar de Ross dans la série *Friends,* nous avons donc le droit de choisir une liste de cinq personnalités avec qui on a le droit de coucher.

(En même temps, il faut avouer qu'on ne prend pas trop de risques en donnant la permission à notre chéri de nous tromper avec Monica Bellucci.)

P.-S. : Pour ce qui est du droit de veto en matière de « Liste des cinq stars », il n'y a pas de règle à ce sujet. *(D'après notre expérience, il est préférable d'éviter de piquer les 2 premières personnalités de ses amies les plus proches.)*

ATTENTION : Pensez à ranger les noms des stars par ordre d'importance, cela évitera toute confusion.

> Les auteurs, dans leur grande générosité, ont pensé à joindre des bons à découper et à présenter à votre compagnon en cas de litige. Ceux-ci sont certifiés par la fédé*****.

---

* Fédération des civils qui ont le droit de coucher avec 5 célébrités.

LISTE DES CINQ PERSONNALITÉS AVEC QUI J'AI LE DROIT DE COUCHER

1. ....
2. ....
3. ....
4. ....
5. ....

LISTE DES CINQ PERSONNALITÉS AVEC QUI J'AI LE DROIT DE COUCHER

1. ....
2. ....
3. ....
4. ....
5. ....

BON DÉLIVRÉ
PAR L'ACDC5C

**« Association des civils qui
ont le droit de coucher
avec 5 célébrités »**

(Association régie par la loi
du 1er juillet 1901 relative aux
contrats d'association.)

BON DÉLIVRÉ
PAR L'ACDC5C

**« Association des civils qui
ont le droit de coucher
avec 5 célébrités »**

(Association régie par la loi
du 1er juillet 1901 relative aux
contrats d'association.)

On est parti en vacances avec une connasse !

S'il existe un moment dans la vie où nous devrions éviter de côtoyer une connasse, c'est bien durant les vacances. Mais voilà, on ne le sait pas toujours avant...

Quelques détails qui auraient dû nous mettre sur la piste :

- **Elle ne veut pas participer au pot commun.**
- Elle veut que tout le monde déjeune à 11h30 sous prétexte que son petit doit faire la sieste. *(Ben oui, il ne faudrait pas décaler de 10 minutes le cycle de sommeil de Mathéo.)*
- **Elle a commandé « entrée/plat/dessert » au restaurant alors qu'on n'a mangé qu'une salade verte et nous propose généreusement de partager l'addition.**
- Elle ne veut pas partager l'addition sous prétexte qu'elle n'a pas bu de café.
- **Elle a fait rentrer tout le monde de la plage pour pouvoir regarder le tirage du Keno.**
- Elle adore faire des crises à son mec devant tout le monde.
- **Elle a utilisé la totalité du ballon d'eau chaude pour nettoyer ses extensions.**
- Elle s'est débrouillée pour prendre la plus grande chambre/le meilleur lit/la place de devant dans la voiture.
- **Elle refuse de manger local.**
- Elle tire la gueule à chaque fois que... Non, à vrai dire, elle tire la gueule tout le temps... Vous ne vous rappelez même pas l'avoir vu sourire pendant les vacances.
- **Elle a pris l'initiative de tous nous inscrire à l'excursion : « Visite du musée de la pantoufle : des pionniers jusqu'à nos jours. »**

Règle n° 12

*Au bureau,
on arrêtera
de monter à
un autre étage
pour faire la grosse
commission.*

Personne n'est dupe.

La nouvelle meuf de notre ex peut nous dire MERCI !

Eh oui, la vie est ainsi faite, on passe un temps fou à coacher notre mec, à l'instruire, à le relooker. Et puis un jour, on se sépare, chacun repart de son côté.

Mais dites-vous bien que tout ce temps passé, tout ce travail, n'a pas été vain.

Quelqu'un d'autre va en profiter... Sa nouvelle petite amie !

On aimerait faire signer à notre mec un contrat de « retour sur investissement ».

Témoignages :

« Elle est très fière de se promener avec lui aujourd'hui, mais quand je l'ai rencontré, il ne portait que des vêtements qu'il trouvait "confortables". »

« Sa nouvelle femme a une jolie maison aujourd'hui, mais moi je l'ai entretenu pendant toutes ses études, même pendant sa période "Je veux monter un groupe de djembé". »

« Que sa nouvelle copine soit sûre d'une chose : si elle a des orgasmes aujourd'hui, c'est grâce à moi ! »

> Nous, de notre ex, on a hérité :
> - **D'une horloge murale Tex Avery.**
> - **De 5 kilos.**
> - **D'un manque de confiance en soi et/ou trouble affectif.**

Le syndrome du : « Je suis sûre que j'ai raté mon contrôle ! »

La femme parfaite est humble. Quand elle prépare un repas pendant trois heures pour régaler ses convives, elle se contentera d'un timide : « *Oh, tu sais, c'est pas grand-chose...* »

Alors que si on y a passé une demi-heure, on répétera à qui veut bien l'entendre : « *J'ai cuisiné toute la journée, vous avez intérêt à finir !* »

Cet aspect de son humilité est tout à son honneur, mais il y en a un autre qui, lui, requiert la « peine capitale », le syndrome du : **« Je suis sûre que j'ai raté mon contrôle ! »**

Revenons quelques années en arrière, lorsque la « fille parfaite » s'exclamait en sortant d'un contrôle d'histoire-géo : « *Je suis dégoûtée, j'ai envie de pleurer, je suis sûre d'avoir raté mon contrôle !* » On la réconfortait et on découvrait quelques jours plus tard que cette « connasse » avait eu 16 et nous 8.

Eh bien, cette fille-là a grandi, mais n'a pas changé... Elle est juste devenue une « femme parfaite ».

Elle	*« Merci les vacances, je suis grasse comme un loukoum ! »*
En fait	Elle n'a pas pris un gramme.
Nous	**VLAN ! 3 kg !**

Elle	*« Je suis toute ridée ! »*
En fait	Elle a une pauvre ridule au coin de l'œil droit.
Nous	**On a l'air d'un shar-peï.**

Elle	*« Je suis criblée de cellulite ! »*
En fait	Elle se pince au sang pour nous la montrer.
Nous	**On pourrait faire du surf sur la nôtre.**

Elle	*« Tu sais, financièrement, c'est pas la fête en ce moment. »*
En fait	Elle a presque failli être à découvert.
Nous	**On est interdit bancaire... Encore !**

Les blagues à papa

Il existe dans la vie de chacun un moment de basculement où notre humour, pourtant si fin et efficace, se retrouve réduit à néant. Ce moment tragique où on commence à avoir **« un humour à papa »**.

On a tous un père, un oncle, un prof qui, voulant être drôle, fait des blagues à la limite de la ringardise.

« Pour commander une nouvelle bouteille de vin, mon père ne peut pas s'empêcher de crier à la serveuse "Vous amènerez la petite sœur !" »

« Au restaurant, mon père trouve très drôle d'appeler la machine à carte la Game Boy*. »

Listes des blagues interdites :

- **Au supermarché :** *« Y a pas le prix ? Ça veut dire que c'est gratuit ? »*
- **Quand on fait tomber quelque chose par terre :** *« Ça tombera pas plus bas... »*
- **Quand on fait tomber de l'argent par terre :** *« Attention, ça repousse pas... »*
- **Devant le vendeur de roses :** *« Non merci, on a déjà couché ensemble ! »* (Et même si cette blagounette peut encore nous faire sourire, mettez-vous à la place de ce jeune commerçant indépendant qui l'entend 6 fois par heure.)

Cependant, nous vouons une admiration sans bornes à celui qui ose encore tenter un *« **Tire sur mon petit doigt** »*. (Cette expression étant passée du stade du « ringard » à celui de « culte ».)

Note des auteurs : Nous précisons que malgré l'utilisation du titre « Blagues à papa », tous les pères n'ont pas un humour à papa.

Notes des auteurs pour leur papa : « Nous sommes très fières que tu n'aies pas un humour à papa. Signé : tes filles qui t'aiment. »

---

* Le serveur étant sûrement né après la disparition de la Game Boy, le bide est assuré.

Règle n° 13

On ne dira pas qu'on n'a mangé qu'une salade verte si on l'a accompagnée de deux panières de pain.

La théorie du
« mec à trois bières »

« Le mec à trois bières » **est la personne qui ne nous plaisait pas en début de soirée mais qui, après quelques verres, devient beaucoup plus attirante à nos yeux*.**

Nous estimons le nombre de verres nécessaires à plus ou moins trois bières.

> **Plus la soirée avance et moins nous devenons exigeantes.**

En fin de soirée, t'as toujours une pote qui ramasse ce qui reste dans la boîte et qu'on appelle : la « **voiture-balai** ».

Exemple : Une semaine de vacances

En début de semaine :

   « Mouais bof, y a pas trop de mecs mignons. »

Dès le milieu de semaine :

   « Allez… OK… C'est les vacances ! »

Jeudi :

   C'est les soldes.

Vendredi :

   Deuxième démarque.

Samedi :

   Tout doit disparaître.

---

* Cette théorie provient d'une étude plus empirique que scientifique, il faut l'avouer.

Comment revoir son échelle à la baisse

Plus la soirée passe, plus nos exigences envers les hommes ont tendance à baisser.

Schéma scientifique :

nos exigences en matière d'hommes

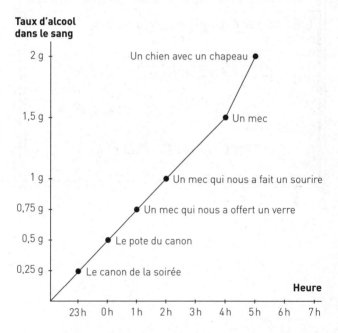

Règle n° 14

*On arrêtera
de remettre notre
culotte en place
en marchant.*

On est toutes des escroqueries

Qui n'a jamais eu le sentiment d'être une escroquerie ? De ne pas être à la hauteur ?

D'avoir accepté un rôle qui la dépasse ?

Et même si les choses finissent en général bien, que d'énergie dépensée à garder la tête hors de l'eau...

Exemples pratiques :

« OK pas de souci. »

> Alors qu'on ne sait absolument pas de quoi on nous parle.

« J'ai compris, bien sûr. »

> Je capte rien à l'anglais, mes notions s'arrêtant à « *Where is Brian* ».

« Grave je connais, j'adore. »

> [...]

« Cette expo est top ! »

> Enfin, c'est ce qu'ils ont dit au JT.

« Tu rigoles, c'est un de mes livres préférés ! »

> On n'a pas fini la moitié des livres qui sont censés être « nos livres préférés ».

Que celui qui n'a jamais tapé « conflit israélo-palestinien » sur Wikipédia nous jette la première pierre !

Alors, dites-vous bien une chose, vous n'êtes pas seules !

Phrases de connasse qui veut être gentille... Mais non

On reconnaît une connasse au fait que, même quand elle essaye d'être gentille, elle reste une connasse.

- « Elle te va bien cette robe... Elle cache ton ventre. »

- **« C'est ton mec ? Il a l'air gentil... De toute façon, les gros c'est les plus gentils. »**

- « Il est beau ton sac... On dirait presque un vrai. »

- **« N'écoute pas les gens, elle te va très bien cette coiffure. »**

- « Il est joli ton haut... Bon moi, je ne porte jamais de synthétique. »

- **« Ça doit être intéressant comme métier dentiste... Mais il faut aimer mettre sa main dans la bouche des gens. »**

- « Ça te va bien en brune... Tu vois, j'aurais jamais dit ! »

- **« Il est beau ton fils... Il ne te ressemble pas du tout. »**

- « J'ai une robe à ta donner si tu veux, moi elle m'est trop grande. »

Phrases de connasse qui veut être gentille... Mais qui est raciste

- **« Tu danses bien ! En même temps, c'est normal... Tu es noir. »**

- « Tu es libanaise ? J'adore les Libanais ! »

- **« Tu es arménien ? J'ai un collègue arménien, tu le connais peut-être... »**

- « Tu es comédienne... Dans quel restaurant ? »

- **« Tu es belge ? J'adore les Belges, ils ne se prennent pas la tête ! »**

- « Les bébés métis sont les plus mignons. »

- **« Tu es marocaine ? J'adore les cornes de gazelles ! »**

- « Y a pas plus gentil qu'un Québécois ! »

- **« Tu es juive ?! Tu as de la chance, tu dois connaître plein de gens connus ! »**

Règle n° 15

On n'utilisera plus
le terme « simuler »
mais plutôt
« encourager ».

Les légendes urbaines

« Mais il va se détendre ton jean. »

Un 36 ne deviendra jamais un 42. JAMAIS !

« Dans quelque temps, on en rira... »

En fait non, on n'en rit jamais.

« Ces chaussures vont se faire. »

Alors que tes orteils sont recroquevillés, morts de peur.

« Il est important de savoir jouer d'au moins un instrument. »

Oui, c'est « sympa », mais de là à dire que c'est « important »... Prunes a fait 6 ans de clarinette, bon ben... elle a fait 6 ans de clarinette*...

« Tu vas voir, le cuir de ton sac va vieillir, il sera plus beau. »

Alors pourquoi en acheter un neuf s'il est plus beau vieux ?!

« Ça rentre LAAAAARGE. »

Ou pas...

« Un de perdu, dix de retrouvés. »

Ben non en fait... Un de perdu = un de perdu.

« Y a du stretch dedans, ça bougera pas ! »

Ouaiiiis c'est çaaaaa !! *(Désolé, on n'a pas plus d'arguments concernant le stretch.)*

« Prends allemand/latin, tu verras, ça te servira plus tard. »

Que celui qui a obtenu un job en déclinant *Rosa, rosa, rosam, rosae, rosae, rosa* se manifeste au plus vite.

---

* Nous avons décidé de ne pas faire de vannes puisque le mot « clarinette » se suffit à lui-même.

La tyrannie du maillot de bain

Ce bon Platon en avait parlé en son temps, mais ses travaux à ce sujet sont bizarrement restés très confidentiels. Nous nous devons donc de reprendre le flambeau et d'aborder l'épineux sujet de la **« tyrannie du maillot de bain ».**

Commençons par la question de l'éclairage de la cabine d'essayage :

« ***Qui s'est occupé du choix de la lumière ?*** *Il n'y a donc pas une once d'humanité chez les personnes qui ont décidé d'installer des néons dans les cabines d'essayage ?* »

Nous préconisons une lumière tamisée, qui nous mettra en confiance.

Une étude a été menée (par les auteurs, donc fiable à 27 %) :

> **ON A TOUJOURS PLUS DE CELLULITE DANS LA CABINE D'ESSAYAGE QUE DANS LA VRAIE VIE.**

Abordons à présent la question des tailles :

« ***Qu'est-ce qu'on fait quand on a besoin d'un 36 en haut et d'un 42 en bas ?*** »

Nous préconisons de changer les étiquettes ! Ou de trouver une copine inversement proportionnée. *(Même si avoir une copine qui fait du 42 en haut et du 36 en bas n'est pas forcément une bonne idée.)*

Malheureusement, alors que la femme parfaite s'assoit impunément sur le rebord de la piscine...

- On entre très vite dans l'eau pour cacher notre **culotte de cheval**.
- On place un(e) magazine/paréo/serviette **au niveau du ventre**, sur toutes nos photos de vacances.
- On plie les jambes pour qu'elles paraissent **plus fines** quand on est allongée sur le transat.

Témoignages :

« Je ne m'allonge pas sur le ventre ! Ça aplatit mes fesses. »

« Je ne peux pas rester assise quand je suis en maillot, ça me fait des bourrelets et si je bronze, j'ai des traits blancs sur le ventre... »

« Je ne m'allonge jamais sur le dos, sinon mes seins disparaissent et on dirait un petit garçon. »

Alors, on fait quoi ?! On arrête de respirer ?!
OH NON ! Passé 12 ans, toutes les femmes ont du ventre et/ou de la cellulite. Alors, RESPIRONS...

Le régime, c'est simple !

Quand, pour la dixième fois, on décide d'entamer un nouveau régime, il faut savoir qu'autour de nous rôde la « connasse ».

« Tu sais, faire un régime ne sert à rien. Quand on arrête, on reprend le double de ce qu'on a perdu. »

Et je fais quoi alors ? Je prie très fort pour que mes kilos en trop s'en aillent tout seuls avec leurs petites pattes ?!

« Tu sais, c'est simple, il suffit de manger de façon saine et équilibrée, et d'arrêter l'alcool. »

Oh merde ! Et moi qui n'y avais jamais pensé !

« Allez, prends une petite part de pizza, ça va pas te faire de mal ! »

Qu'est-ce que tu n'as pas compris dans le terme « régime », connasse !

« Je ne crois pas que ce soit ça qui va te faire grossir. »

Même en regardant une banane je grossis !

« Tu as essayé le régime Fridibidihu ? »

T'es sérieuse ? Tu ne crois pas que depuis le temps... s'il y avait un secret, je le connaîtrais !

« Moi, quand je suis contrariée, je suis incapable de manger quoi que ce soit. »

Moi, quand je suis contrariée... je bouffe.

« Moi l'été, je perds naturellement 3 ou 4 kilos. »

Moi je suis obligée de m'affamer pendant deux mois pour perdre un pauvre kilo !

« Ça t'a pas coupé l'appétit toi ? »

Rien ! tu m'entends... rien ne me coupe jamais l'appétit !

Règle n° 16

> *On évitera
> de demander à
> la rentrée combien
> de jours il reste
> avant les prochaines
> vacances.*

Quelle « *trouble maker* » êtes-vous ?

La « *trouble maker* » ou « faiseuse de troubles » *(ou encore « fouteuse de merde »)* est un dérivé de la « connasse » traditionnelle.

Petit test pratique :

- **Sylvain arrive en retard à une réunion :**

    1. Vous faites comme si de rien n'était.

    2. Vous lui glissez : « T'es en retard. »

    3. Vous dites bien fort : « C'est marrant, j'étais persuadée qu'on avait rendez-vous à 14h. Et moi qui ai abandonné mes pauvres enfants au parc de peur de ne pas être à l'heure. »

- **Vous êtes au repas de Noël avec vos cousins et vous sentez que l'ambiance retombe :**

    1. Vous portez un toast.

    2. Vous proposez à votre petite cousine de chanter une chanson qu'elle a apprise à l'école.

    3. Vous demandez à votre grand-père de raconter à tout le monde comment son père a fait fortune pendant la guerre.

- **Votre pote a picolé et il est chaud comme la braise :**

    1. Vous lui proposez de le mettre dans le taxi.

    2. Vous lui balancez un verre d'eau au visage. *(C'est quitte ou double.)*

    3. Vous lui dites que Sylvain a insulté sa mère. *(« J'ai pas tout compris, juste, "bla bla bla PUTE bla bla bla..." Je sais pas ce qu'il a voulu dire. »)*

Résultat :

Nous ne sommes pas là pour vous juger... La femme parfaite, si !

Règle n° 17

On sera en droit de demander à nos ex de nous écrire une lettre de recommandation : « Je certifie sur l'honneur que c'est pas elle, c'est moi ».

OK... On se met en scène

La femme parfaite semble tout droit sortie d'un film américain, une de ces comédies romantiques où il fait toujours beau et où les gens portent des couleurs vives... Alors, parce que nous aussi on adorerait être l'héroïne super sexy de notre propre série américaine, nous avons pris l'habitude de nous mettre en scène.

Trucs un peu honteux qu'on fait pour se mettre en scène :

Quand on va faire son marché :
- Prendre un **panier**, juste pour le cliché.
- Acheter un **paquet de thé hors de prix** *(qui prendra la poussière dans la cuisine parce qu'on n'a pas d'infuseur)*.
- Acheter des pommes juste pour mettre en valeur notre **jolie corbeille de fruits**.
- Ramener de très jolies **épices de Marrakech** mais ne jamais s'en servir.
- Acheter des légumes juste parce qu'ils ont **des noms compliqués**.
- Acheter un poulet fermier et se rendre compte qu'on n'a **pas de four**.

Quand on va faire son jogging :
- Décider d'aller faire un jogging parce qu'on a vu **Rihanna en short** dans un magazine.
- Abandonner la séance de sport parce qu'on n'a pas **la musique adéquate**.
- Mettre plus de temps **à se préparer à courir** qu'à courir.
- Chercher partout **une casquette**, parce que « c'est cool de courir avec une casquette ».

⚠ Le café à l'américaine de chez Starbuck.

On s'entête à acheter un café américain à emporter comme dans les films, mais on va pas s'mentir... Seule la femme parfaite arrive à boire ça sans se brûler ou sans en renverser !

OK... On se met en scène (suite)

S'il y a bien un moment où on se met en scène, c'est au début d'une relation amoureuse.

ON SE MET EN SCÈNE   **DANS LA VRAIE VIE**

On met une playlist de trucs branchés.
> *On écoute Joe Dassin et ABBA en boucle.*

On met des bougies parfumées.
> *Les bougies prennent la poussière et certaines ont même déjà servi de cendrier.*

On met une nuisette.
> *On porte une grenouillère pour dormir.*

On met Arte à la télévision.
> *On regarde* The Voice *sur TF1.*

On met la photo de Nietzsche en fond d'écran.
> *On avait un chat avec un bonnet en fond d'écran.*

Attends ! C'est pas fini...

On laisse traîner *The Economist* sur la table.

On a le magazine Public posé sur la table.

On prépare un délicieux repas pour deux.

On mange habituellement notre taboulé au poulet directement dans la boîte.

On lui propose d'aller voir une expo dimanche.

Le dimanche, on reste affalée devant la télé, sans se laver.

On est impeccablement épilée.

Notre esthéticienne ne nous avait pas revue depuis la « promotion spéciale Noël ».

Liste des choses qu'on cache lors de la venue d'un nouvel amoureux :

Pyjama, pantoufles, nounours, vieux plaid Hello Kitty, produit contre l'acné et/ou la sécheresse intime, nos brochures « Les premiers signes de la dépression » et tout ce qui pourrait détruire l'image glamour que nous nous sommes donné tellement de mal à mettre en place.

Ce serait dommage de détruire tout ce travail à cause d'une boîte d'Immodium qui traînerait sur notre table de salon.

Règle n° 18

*On se souviendra que
si ça sent la merde,
que ça ressemble
à de la merde
et que ça a le goût
de la merde,
il y a 80 % de chance
que ce soit
de la merde*.*

---

* D'à peu près Confucius.

Parce que parfois notre mec
est une connasse...

« Est-ce que tu es sûre que c'est bien raisonnable ? » *(En te voyant te resservir au buffet.)*

Tu me fais une réflexion sur mon poids là ?! T'es sûr que tu peux te le permettre ?!

« Pourquoi tu fais des régimes ? Il suffirait que tu fasses un peu de sport. »

Je ne crois pas t'avoir vu pousser de la fonte récemment !

« Mais, t'en as plein, des chaussures. »

Depuis quand le terme « *plein* » est-il synonyme d'« *assez* » ?!

« Tu crois que tu vas savoir changer le néon ? »

Ben non, avant toi, je vivais exclusivement dans le noir.

« Ta copine est super mignonne ! Elle est célibataire ? »

[...] No comment.

« T'es drôle pour une fille. »

Et le pire, c'est que je suis sûre que tu voulais me faire un compliment... Raté !

« T'as pensé à prendre ton passeport ? »

Ben non, je pensais que ma carte du club de sport allait suffire ! *(Et tu vas discrètement récupérer ton passeport que tu avais effectivement laissé dans ton tiroir à culottes.)*

« Je préfère conduire, il risque d'y avoir du monde sur la route. »

Ah oui, ben tu me donneras le volant quand on sera sur le parking, pour que je fasse des tours.

La théorie du « tiré/décalé »

Alors que pour la femme parfaite, prendre soin d'enlever systématiquement son body* avant de se rendre aux toilettes ne pose aucun problème, pour nous, femme normale, c'est un vrai souci !

(Un problème de flemme que nous rendons en partie responsable de l'extinction de la mode du body à la fin des années 1980).

Nous nous sommes donc penchées sur cette question et avons mis au point ce que l'on estime être digne d'une invention de la NASA, le **« tiré/décalé »**.

Cette technique consiste à **décaler la culotte** plutôt que de l'ôter pour aller faire pipi.

TU M'ÉTONNES QUE ÇA VALAIT BIEN UNE PAGE !

---

* Body = justaucorps.

On est des « James Bond » en carton

Il nous arrive quelquefois de nous dire : *« Heureu-sement qu'on ne compte pas sur moi pour sauver le monde... On serait dans la merde ! »*

Il existe un curieux paradoxe dans notre façon de nous comporter... On assure dans les moments de crise, on reste forte quand on aurait pensé s'effondrer, et puis, d'autre fois...

- On transpire dès qu'on pique une **capsule Nespresso** au boulot.
- Quand on entend un bruit suspect dans notre appartement, on se met **la couette sur la tête** en ne laissant dépasser que le bout du nez...
- On est incapable de garder **un secret** *(alors imaginez le code de la bombe nucléaire).*
- Quand la lumière est éteinte, on est capable de courir comme une gamine en sortant des toilettes, au cas où on aurait été **poursuivie par un loup**. *(Bien entendu, ledit « loup » s'arrêtera net quand on sautera sur notre lit.)*
- **On a l'œil du tigre ! Mais la force du chat et l'habileté du bébé labrador.**

Heureusement, notre homme est là !

Une sorte de « James Bond ». Un homme, qu'on croit solide, qui nous rassure... Jusqu'au jour où un bruit se fait entendre dans l'appartement et qu'il nous dit : *« Va voir ce que c'est ! »*

Mettre les photos de nos enfants sur Facebook

Libre à vous de mettre des photos de vos enfants sur Facebook. Il y a cependant quelques règles élémentaires à respecter.

● Évitez de mettre une photo de lui TOUS LES JOURS.

> *« Enzo a eu 467 jours aujourd'hui, je ne l'ai pas vu grandir... »*

● Évitez de mettre des photos « trop intimes ».

> *« C'est la première fois que Lola va sur le pot #Fierté #Bravo #Groscaca »*
>
> *« Voici la première photo d'Elliot !! »*

Tu m'étonnes que c'est sa première, il a encore du placenta sur le front !

 IL EST INTERDIT DE METTRE LA PHOTO DE SON ÉCHOGRAPHIE SUR FACEBOOK.
Signé : Le monde entier.

« Je suis désolée mais tu peux pas mettre une photo de ton enfant sur Facebook s'il est laid, ou alors tu lui mets un bonnet rigolo. »

Oh ça va ! Que celle qui n'a jamais ri devant la photo d'un bébé laid sur Facebook nous jette la première pierre... !

Comment reconnaître
l'homme parfait ?

N'hésitez pas à faire faire le test aux hommes de votre entourage.
Cochez les phrases suivantes si :

☐ Il sait allumer un **barbecue**.

☐ Il n'a jamais compris ce que les autres hommes pouvaient bien trouver à **Scarlett Johansson**.

☐ Il connaît par cœur les dialogues de *C'est arrivé près de chez vous*, surtout **le monologue du pigeon**.

☐ Il a joué dans au moins deux films de **Quentin Tarantino**.

☐ Il trouve Gisele Bündchen **trop maigre**.

☐ Il sait ouvrir une bouteille de rosé **sans tire-bouchon**.

☐ Il sait jouer *Hotel California* **au ukulélé**.

☐ Il adore passer du temps à **Primark**.

☐ Il a été contacté pour faire le **calendrier** des « Dieux du stade ».

☐ Il aime les stylos quatre couleurs, l'odeur du feutre Velleda et **éclater du papier bulle**.

☐ Il a un problème avec la **kryptonite**.

☐ Le réalisateur de *Wolverine* a avoué avoir **pensé à lui** en écrivant le film.

☐ Il a monté un canapé IKEA **tout seul et sans se plaindre** *(alors que DEUX petits bonshommes étaient dessinés sur la notice).*

☐ Il n'aime pas se vanter d'avoir surfé **les plus grandes vagues** de la planète *(l'une d'elles porte aujourd'hui son nom).*

☐ Il propose **régulièrement** : « Hey ! Pourquoi tes copines ne viennent pas prendre l'apéro demain ? Je m'occupe de tout ! »

☐ Dans certaines tribus, son nom est synonyme de **bravoure**.

☐ Il déteste les gens qui disent : **« Qui plus est. »**

☐ Ses calculs pourraient remettre en doute **la théorie de la relativité** mais il les garde pour lui, il n'aime pas ~~foutre la merde~~ semer la zizanie.

☐ Il sait siffler **avec les doigts**.

☐ Il est agacé qu'on lui dise tout le temps qu'il ressemble à **Robert De Niro** jeune.

☐ Lui seul sait s'il y a une vie après la mort... mais **préfère ménager le suspense**.

Si le garçon auquel vous avez fait faire ce test a coché plus de 6 cases et qu'il est encore célibataire, merci de transmettre ses coordonnées aux Éditions J'ai lu qui feront passer à qui de droit.

Règle n° 19

> *On arrêtera de penser qu'on ne peut commencer « à arrêter de fumer » que le 1ᵉʳ janvier.*

« Je ne veux pas m'épiler la moustache parce qu'après ce sera pire ! »

Rien, tu m'entends, RIEN ne peut être pire que cette moustache !

Personne ne lui a jamais dit ?

Règle n° 1* :

En amitié, toujours dire la vérité à ses amis.

Même si celle-ci est parfois violente !

- Comment se fait-il que les gens qui ont les dents poreuses s'obstinent à boire du vin rouge en public...

  Personne ne leur a jamais dit qu'ils ont les dents noires... ?

- Comment se fait-il que les gens qui ont des pellicules s'obstinent à mettre des vestes noires ?!

  On ne leur a jamais dit qu'on ne peut pas regarder autre chose que leurs épaulettes maculées de blanc... ?

- Pourquoi s'obstinent-ils à garder le poil qui sort de leur grain de beauté sur le visage ?

  Personne ne leur a jamais dit qu'ils pouvaient l'enlever... ?

  Et si par malheur votre ami ne veut pas comprendre vos allusions : « *Si ça se trouve, Cindy Crawford aussi avait des poils qui sortaient de son grain de beauté...* »

Vous n'avez plus le choix ! Vous êtes dans l'obligation de mettre en place une INTERVENTION (voir p. 153)**.**

---

* On est conscientes qu'on a beaucoup de « Règle n° 1 », mais c'est dur de les classer.

Révélation

Alors on vous prévient, ce qui suit risque d'être un peu violent*...

ATTENTION !

Quand un mec ne veut pas s'engager, c'est qu'il pense qu'il peut trouver mieux que nous et veut pouvoir rester disponible.

---

* On ne vous cache pas que nous aussi ça nous a fait un choc.

Pourquoi sur la femme parfaite ça fait classe, alors que sur nous...

Le maquillage des yeux charbonneux.

Sur nous ça fait « yeux de panda ».

Le collant résille.

Sur nous ça fait rôti de veau.

Les cuissardes.

Sur nous ça fait... pute.

Les grosses lunettes.

Sur nous ça fait mouche.

Le legging.

Sur nous c'est l'effet « cameltoe » assuré.*

Le piercing au nombril.

Le nôtre s'est caché dans notre bourrelet.

Le rouge à lèvres rouge.

Sur nous ça fait transsexuel brésilien.

Le jean taille basse.

*Sur nous, c'est l'effet « muffin top** » assuré.*

La capeline.

Sur nous, ça fait le tueur du film Souviens-toi l'été dernier.

---

* Le « *cameltoe* » signifie littéralement « pied du chameau ». Selon Wikipédia, « *le cameltoe est un terme argotique anglais utilisé pour désigner la forme, vue sous des vêtements moulants, des grandes lèvres d'une femme.* » (Soyons clair, par souci d'esthétique, les auteurs n'auraient pas utilisé spontanément le terme « grandes lèvres ».)

** Expression d'origine australienne : quand on porte un jean taille basse et que notre ventre et nos hanches débordent du jean, comme le *muffin* qui déborde de son récipient.

« Hey ! Si on faisait des pâtes ! »

Le « Hey, si on faisait de pâtes ! » intervient le plus souvent en toute fin de soirée, au moment où tous les pâtés en croûte ont disparu et où même les toasts au tarama ont eu leur petit succès. *(Les toasts au tarama, d'une couleur rose foncé, étant souvent ce qui reste à la fin d'une soirée*.)*

Le « Hey ! Si on faisait des pâtes ?! » est soumis cependant à certaines règles :

- Il ne doit pas être lancé avant 2 heures du matin.

- Il ne doit rester dans la soirée que « la crème de la crème » des invités. *(Oui, bon, n'importe qui fera l'affaire.)*

- Il doit y avoir consommation d'alcool au préalable. *(Pas nécessaire, mais préférable pour plus d'efficacité.)*

- Le « Hey ! Si on faisait des pâtes ?! » doit être suivi d'un « Mais graaaaave !! » de la part des convives.

Un « Hey ! Si on faisait des pâtes ?! » bien fait vous rendra, le temps d'une seconde, la personne la plus importante du monde. (Vous risquez même d'entendre le mot « Messie ».)

---

* D'après de multiples témoignages.

Quand on revient de soirée, le « Hey ! Si on faisait des pâtes ! » connaît quelques variantes.

Par exemple, on peut avoir l'idée de verser une boîte de raviolis sur une tranche de pain de mie et d'appeler ça très fièrement un « **raviolwish** ». *(Sur le coup, on est sûr d'avoir découvert un truc de fou !)*

Mais la plupart du temps, on reste bloqué devant son frigo en cherchant l'inspiration. On observe, on calcule, on essaie d'anticiper les risques...

On va même jusqu'à envisager la boîte de céleri rémoulade...

Et puis, on finit par verser le sachet de gruyère dans une assiette avant de la mettre au micro-ondes.

> **Alors, dans un moment de doute, n'hésitez pas à lancer un : « Hey ! Si on faisait des pâtes ?! » Vous verrez, ça marche.**

« Il m'a quittée pour une plus jeune »

Nous ne sommes jamais à l'abri de nous faire larguer, mais un nouveau risque s'ajoute en avançant en âge : celui de se faire larguer pour une plus jeune.

À tout moment il peut nous quitter pour :
- Une femme de **20** ans quand on en a **30.**
- Une femme de **30** ans quand on en a **40.**
- Une femme de **30** ans quand on en a **50.**
- Une femme de **30** ans quand on en a **60.**

« Kimi est jeune, mais on est sur la même longueur d'ondes. »

C'est normal puisque vous avez à peu près le même âge mental. (BIM !)

« Je vis une nouvelle jeunesse. »

À croire que je t'ai gâché la première !

« Oui, Sabrina a 18 ans, mais elle est très mûre ! »

Je n'en doute pas... Mais c'est quand même à la limite de la légalité ton truc... Moins, ce serait répréhensible par la loi.

Règle n° 20

*On évitera de dire
qu'on est
photographe
professionnel
juste parce
qu'on a acheté
un reflex.*

Ça nous rend folles !

Il est de ces petits détails, de ces petites choses toutes bêtes qui semblent exister dans l'unique but de nous pourrir la vie. L'état dans lequel on peut se mettre peut alors paraître totalement disproportionné.

Pourtant il n'y a rien à faire, ça nous rend folles !

- Passer 10 minutes à démêler les écouteurs de notre iPhone.
- **Les gens qui font du bruit avec leur bouche.**
- Voir quelqu'un remettre les allumettes brûlées dans la boîte.
- **Les gens qui ne remplissent pas le réservoir de la Nespresso après l'avoir vidé.**
- Chercher un truc au fond de notre sac.
  (Peu importe la taille du sac.)
- **Les gens qui réussissent à ne manger qu'UN seul carré de chocolat.**
- Ne pas réussir à trouver l'extrémité du rouleau de PQ dans le dérouleur.
- **Les gens qui se lèvent 20 minutes avant que le train arrive en gare.**
- Les gens qui sortent un chéquier juste devant nous à la caisse, ou qui mettent deux heures à ranger leurs achats dans leurs sacs plastique.
  (Alors qu'on va super vite pour pouvoir finir avant eux et ainsi les fusiller du regard et leur signifier leur incompétence.)

- **Ne pas trouver l'opercule et rêver de se retrouver en face du pervers qui a osé écrire « ouverture facile » sur la boîte.** *(Notamment sur les DVD.)*

- Les gens qui laissent une boîte de Ferrero ouverte sur une table, des semaines, sans y toucher.

- **Se retrouver avec une pièce restante alors qu'on vient de finir de monter un meuble IKEA.**

- Les gens qui nous disent « Laisse, ça charge », alors qu'on s'obstine à taper frénétiquement sur toutes les touches du clavier.

- **Attendre que l'ordinateur cherche... Et regarder la petite roue tourner...**

- Tailler notre crayon pour les yeux et voir la mine s'écraser dans le taille-crayon. *(Oh oui ! On a des vrais soucis !)*

Mettre une housse de couette !

Qu'on arrête de nous dire qu'il existe des astuces, on les connaît !

Mais même avec ça, enfiler une housse de couette reste une des choses qui peuvent nous rendre folles ! *(On est d'ailleurs capables de dormir plusieurs jours avec la couette sur la housse plutôt que d'avoir à se battre avec pour l'enfiler.)*

Post rupturum... Animal triste

Tout le monde en conviendra, une rupture est une période difficile à vivre. Cependant, il existe une autre période, plus méconnue, mais non moins difficile à vivre : la période de **« post-rupture »**.

La période dite de « post-rupture » dure plus ou moins longtemps selon les gens, mais elle équivaut en moyenne au tiers de la durée de votre relation.

$$\frac{\text{Durée de la relation}}{3} = \text{Durée de la période de post-rupture}$$

La « post-rupture » : ce moment où vous n'avez plus aucun amour-propre, où vous vous laissez complètement aller à la douleur, où vous voulez mourriiiiiiiirrr. Vous êtes malheureuse et il faut que ça se voie !

Quelques indices :

- Vous ne supportez pas **les gens heureux**.
- Les gens vous parlent comme si vous étiez en **phase terminale**.
- Vous avez **les yeux dans le vague**, le regard bovin d'une bête blessée qu'il faudrait achever pour qu'elle arrête de souffrir.
- Vous ne supportez plus qu'on vous dise : **« Ça va aller... »**

Note des auteurs : Cette période est très souvent suivie par **« Les 7 phases du deuil* »**.

---

* Voir « Rupture : les 7 phases du deuil », *La femme parfaite est une connasse !* Vol. 1.

Règle n° 21

On arrêtera de dire :
« Allez, cul sec ! »

J'ai perdu ma dignité !

Quand on est plus jeune, tout est potentiellement « la honte ».

En grandissant, on arrive à relativiser et on réalise qu'on se fait facilement une montagne de pas grand-chose.

Pourtant, il existe des moments où il est tout à fait légitime d'avoir honte... de vouloir se cacher dans un trou de souris.

Nous parlons de ce moment tragique où on perd l'une des choses auxquelles nous tenons le plus : NOTRE DIGNITÉ.

Liste des endroits où notre dignité aurait bien pu se cacher :

- **Sur le podium du Copa Cabana.**
- Dans l'escalier de la faculté de droit.
- **Sur une des planches à voile du Club Med de Corfou.**
- Durant l'élection de Miss Camping à Frontignan.
- **Dans une salle des fêtes, lors du mariage de notre cousin.**
- Sur la scène d'un Comedy Club quelconque.

J'ai perdu ma dignité ! : pense-bête

Liste à remplir soi-même :

Date	18 août 2006
Lieu	Toilettes du Pincho Pingo
En compagnie de	Céline
Degré d'alcoolémie	Après 4 cocktails
Événement	Gamelle dans les escaliers
Conclusion	4 points de suture

Vous pouvez à présent remplir votre tableau, afin de ne jamais oublier...

Date	
Lieu	
En compagnie de	
Degré d'alcoolémie	
Événement	
Conclusion	

Règle n° 22

*On ne reverra jamais
un amour
de vacances
hors vacances...
Sous peine d'une
grosse déception.*

« Ma mère est parfaite* »

Nos parents ont un don, une façon toute personnelle mais très efficace de nous rabaisser. C'est fou comme on a tendance à redevenir une gamine en leur présence.

Dites-vous bien que si la « femme parfaite » a tendance à nous faire culpabiliser... la « mère parfaite » est cent fois pire !

- *« C'est fou, **à ton âge**, j'étais déjà mariée et enceinte de mon deuxième. »*
- *« Ta cousine a été acceptée à **Sciences Po**, elle ! »*
- *« T'étais déjà un **gros bébé**, j'ai passé 9 mois alitée. »*
- *« Tu sais, si tu t'arrangeais un peu... On n'attrape pas les mouches **avec du vinaigre**. »*
- *« J'ai jamais voyagé... Il fallait te payer ton **appareil dentaire**. »*
- *« On a très vite su que tu ne ferais pas d'étude, **t'étais pas douée**... T'étais pas douée... »*
- *« J'avais des seins magnifiques **avant** d'accoucher de toi. »*
- *« Ahhh, ce que j'aimerais être **grand-mère**... avant de mourir. »*
- *« Tu sais que si je n'étais pas tombée enceinte, je serais **chirurgien** à l'heure qu'il est. »*
- *« Les enfants ? Moi, ce serait **à refaire**, je sais pas si... »*

On la soupçonne également d'avoir inventé l'expression : *« 5 minutes dans la bouche, 5 ans sur les hanches. »*

---

* Une connasse. (Sauf la nôtre, évidemment, qu'on aime fort. Bisous maman !)

Les films dont on a un peu honte mais qu'on aime quand même

- ***Les Goonies***, parce que « Sinok aime Choco ».

- ***Grease***, best BO ever ! (avec *Flashdance* et *Footloose*).

- ***Nuit blanche à Seattle***, parce qu'il fallait bien placer un film avec Meg Ryan.

- ***Elle est trop bien***. Film américain dans lequel on transforme l'intello du collège en canon ultra-populaire, en lui enlevant simplement ses lunettes de vue. (Ça tient à rien, c'est fou.)

- Ce téléfilm avec **Alyssa Milano**, dont on a oublié le nom mais où il est question d'un bal de promo. En fait, tous les films où il est question d'un bal de promo.

- ***Dirty dancing***, parce qu'« *on laisse pas bébé dans un coin !* ».

- Le film avec la souris qui parle. (Pour la même raison que pour *Les Goonies*.)

- ***L'Étudiante*** ou ***La Boum**** (ne serait-ce que pour la musique).

- Tous les téléfilms de M6 et TF1 de l'après-midi. (À l'exception des téléfilms allemands, la luminosité étant vraiment trop déprimante.)

---

* Sophie Marceau étant notre Meg Ryan nationale.

Palmarès des comédies qu'il est nécessaire de faire connaître aux jeunes générations

- **Le Grand Détournement**, parce qu'avant YouTube on se faisait passer la cassette vidéo sous le manteau*. Le profane n'y avait pas accès.

- **Les Bronzés**, parce que l'État français s'obstine à ne pas le répertorier dans notre patrimoine culturel.

- **La Cité de la peur**, parce qu'on frise le génie. Une vanne toutes les 5 secondes.

- **Dumb and Dumber**, parce qu'au moment d'écrire ces lignes, ils n'ont pas encore sorti le 2 et que le suspense est donc à son comble...

- **The Big Lebowski**, parce qu'on ne jouera plus jamais au bowling de la même façon.

- **Une nuit au Roxbury**, comme presque tous les films issus du *Saturday Night Live*.

- **C'est arrivé près de chez vous**, parce qu'on connaît les répliques par cœur.

- **Waynes's world**, parce que **NON, IL N'A PAS VIEILLI !**

---

* L'expression « sous le manteau » date de l'époque des VHS.

« Comment ça se fait que tu sois encore célibataire ?! »

Mais quelle formidable question !

Heureusement que quelqu'un a pensé un jour à formuler cette pertinente question, on aurait pu oublier de se la poser.

Il s'agirait *a priori* d'un compliment déguisé : « Comment ça se fait qu'une fille aussi incroyable que toi soit encore célibataire, alors que tu mérites tellement d'être heureuse... »

Mais sachez que la personne qui le reçoit entend plutôt :

« C'est pas normal... Tu as forcément un souci, un vice caché... »

Exemples d'humiliations quotidiennes d'une célibataire :

- **On te présente quelqu'un en précisant : « Vous iriez super bien ensemble ! » Et là, humiliation suprême, celui avec qui « Tu irais super bien » s'avère être un 5/10.**

    « À quel moment tu t'es dit qu'on irait super bien ensemble ? C'est comme ça que tu me vois ?! Je te fais pitié à ce point ?! »

- **Au mariage de ton cousin, on t'installe à la « table des célibataires ».**

    Table qui s'avérera être la « table des enfants ». Pire encore, la « table des vieux ». (Pourquoi pire ? Parce qu'on s'amuse beaucoup plus à la table des enfants.)

- **Lorsque tes amis te disent : « Tu es trop difficile », sous-entendu : « Redescends de ton nuage, tu auras déjà de la chance si tu ne finis pas seule... dévorée par tes chats. »**

    Variante : « T'es trop exigeante ! » Sous-entendu : « Tu mérites pas mieux ! »

Phrases de connasses

ELLE →   **NOUS** ↓

Tu es fermée à l'amour.

> *C'est pas parce que toi tu t'es résignée*
> *que je dois faire pareil.*

C'est dommage que ce soit terminé, on l'aimait bien.

> *Ben oui, moi aussi je l'aimais bien*
> *mais c'était pas forcément réciproque.*

Tu mérites de rencontrer quelqu'un de bien.

> *Et moi qui avais des doutes... MERCI.*

Tu sais, c'est une chose de sortir avec des garçons, encore faut-il savoir les garder.

> *Non, sans déconner ?!*

Tu dois dégager de mauvaises ondes, les hommes les sentent.

> *Ben ouais, comme les chiens !*
> *Ou les conseillers d'orientation*.*

Tu sais, si tu veux des enfants, faudrait pas trop tarder...

> *NO COMMENT.*

---

* Vanne gratuite.

La femme parfaite est une vraie adulte, alors que nous...

- On prévient l'assemblée avec un « je vais faire pipi » crié à la cantonade.

- **On ne sait pas manger sans se tacher.**

- On s'enthousiasme : « Youpi ! C'est les vacances de Noël, je vais regarder *La Boum*, *Les Gremlins* et *Maman j'ai raté l'avion* pour la 12e fois ! »

- **On régresse quand on est en présence de nos parents ou frères et sœurs.**

- Au bureau, on se met du Tipp-Ex sur les ongles.

- **En parlant des mégots dans le cendrier, on demande : « Si tu devais en choisir un, tu serais lequel ? »**

- On fait un collier avec les trombones.

- **On continue à dire « C'est la récré ! » à la pause de 11 heures.**

- On met nos mains dans la bougie pour se mettre de la cire aux bouts des doigts, c'est rigolo !

- **On crie : « Ohhhh ! Ça sent la mandarine ! Ça sent Noël ! »**

- On demande très sérieusement : « T'es qui dans la série ? »

- **On fait un volcan dans la purée à la cantine du bureau.**

- On continue à réclamer une sucette à notre généraliste parce qu'on n'a pas pleuré.

- **On ne peut pas parler du dessin animé *Rémi sans famille* sans être émue aux larmes.**

- On court pour prendre les places au fond du bus.

- **On est obligée de toucher un plat alors qu'on vient juste de nous dire « Attention, c'est chaud », juste pour vérifier.**

- On met notre serviette de plage dans un état lamentable *(la femme parfaite, elle, n'a pas un grain de sable sur la sienne)*.

- **On sort notre trousse Hello Kitty lors d'une réunion.**

- On s'amuse à rester debout le plus longtemps possible dans le métro ou le bus sans se tenir à la barre. *(Genre, je suis sur une planche de surf...)*.

- **Sur un bateau on se met toujours à l'avant, les bras ouverts, en criant « Je suis le maître du monde »*.**

---

* Au sujet du film *Titanic*, nous ne souhaitons pas alimenter la polémique... Mais tu vas pas me dire qu'elle aurait pas pu lui laisser un peu de place, la Kate, sur la planche en bois ?!

Comment voulez-vous que les hommes nous comprennent ?

À cette étape du livre, vous avez dû vous dire plusieurs fois : « C'est tellement vrai ! », « C'est incroyable comme on se comprend entre filles »*****. Pourtant, sachez que si nous nous comprenons tellement entre femmes, pour les hommes, c'est nettement plus compliqué.

<u>Petit exemple pratique à travers un échange de textos :</u>

NOUS : **On se voit ce week-end ?**

LUI : **OK**

NOUS *(dans notre tête)* : **Mais il n'a pas précisé quand ce week-end... Vendredi ? Samedi ? Dimanche ? Soir ? Brunch ? Un café en fin d'aprèm ? Mais c'est pas possible d'être si peu précis !! Il croit quoi ?? Que je suis à sa disposition ?!! Non mais je rêve !!**

NOUS : **Je ne suis pas à ta disposition !!!**

LUI *(dans sa tête)* : **?!?**

LUI : **?!?**

---

* Du moins, on l'espère...

Règle n° 23

On arrêtera d'essayer de se donner soi-même un surnom.

La connasse ne prend jamais parti

La femme parfaite n'a pas d'ennemis. En tout cas, elle ne souhaite pas en avoir.

Elle a donc pris l'habitude de ne jamais contrarier personne, ni d'aller à l'encontre de la pensée commune et de ne surtout jamais, au grand jamais, prendre parti dans une affaire qui ne la concerne pas.

Phrases de connasse :

> *« Mais, tu sais, il ne m'a rien fait à moi. »*
>
> *« C'est vos histoires. »*
>
> *« Je préfère ne pas m'en mêler. »*

Ne comptez pas sur la « femme parfaite » pour vous défendre en cas de problème, alors que nous, nous sauterions à la gorge de quiconque ayant eu un mot déplacé à l'encontre d'une de nos amies.

Et si un mec a l'audace de faire ouvertement du mal à notre amie... Il a plutôt intérêt à quitter le pays !

Dixit Charlotte (à Big) dans *Sex in the City* :
« Je maudis le jour où tu es venu au monde ! »

● **« Ma collègue porte la même robe que moi ! »**

La connasse : « Non, c'est pas la même, elle c'est un 36. »

Nous : **« Oh, la pute ! »**

● **« Je viens d'apprendre que ma copine de boulot sort avec mon ex ! »**

La connasse : « S'ils sont amoureux... »

Nous : **« Les ennemis de mes amis sont mes ennemis. »**

● **« Je crois que j'ai tué quelqu'un. »**

La connasse : « Sais-tu que c'est interdit par la loi ? »

Nous : **« Où est le corps ? »**

● **« Cédric m'a trompée ! »**

La connasse : « Je ne préfère pas prendre parti dans les histoires de couples... »

Nous : **« Un mot* de ta part et c'est un homme mort ! »**

---

* « Comme mot, je te propose : cacahuète, rhododendron ou caramel. Même si j'avoue avoir une préférence pour "cacahuète", "Opération cacahuète", ça claque ! »

Règle n° 24

On arrêtera de se dire
« intolérante
au gluten »
juste parce que
c'est la mode.

Vous avez fait des photos compromettantes

On dirait que les « récentes affaires » ne vous ont pas servi de leçon !

Combien faudra-t-il d'Alyssa Milano *(pour ne nommer qu'elle)* pour que vous compreniez que si vous faites des photos ou des vidéos compromettantes, vous devez vous attendre à ce qu'un jour elles ressortent ?!

Arguments avancés par le mec :

> *« Mais c'est juste pour nous... »*
>
> *« Ça nous fera des souvenirs plus tard. »*
>
> *« Allez, t'es même pas cap ! »*

Cependant cette règle ne s'applique pas si :

- Vous souhaitez faire carrière **dans le charme** et/ou **porno**.
- Vous êtes particulièrement **canon** sur ces photos.
- Vous avez déjà fait une **télé-réalité**.

ATTENTION au *revenge porn* !

Le « porno de vengeance » (traduction de l'expression anglo-saxonne « *revenge porn* ») ou quand votre ex se venge en publiant des photos de vous nue.

Le concept du « on »

Nous sommes amoureuses, à la bonne heure !
Mais à quel moment sommes-nous passées du
« côté obscur » ?

**À quel moment dans une conversation anodine,
le « je » a été insidieusement remplacé par le
« on » ?**

*« J'ai rien vu venir... Un jour, mon amie m'a demandé :
"À quelle heure tu arrives ?" et j'ai répondu : "ON sera
là vers 11 heures".* »

Pourtant, jamais on ne nous a formulé une invitation
pour deux personnes...

Ne soyons pas de ces femmes-là !

 **Il est interdit d'arriver avec son mec à
une soirée entre filles** (et inversement).

 **Toute femme qui s'incrustera pendant
des vacances « entre mecs » passera
automatiquement aux yeux de tous les
potes de son mec pour la « connasse ».**

On évitera de déclarer :

- **ON** ne regarde plus les infos, il n'y a que des mauvaises nouvelles.
- **ON** ne digère pas les œufs.
- **ON** est des psychopathes.

Sont rédhibitoires :

- Les couples qui s'habillent pareil.
- Les Facebook de couple.
- Les filles qui commencent toutes leurs phrases par : « Mon mec dit que... »

L'accident industriel : le concept du « **BRANGELINA** »

La presse américaine avait inventé ce concentré de deux prénoms pour parler du couple Brad Pitt et Angelina Jolie. Malheureusement, l'idée a germé dans quelques esprits malades d'appliquer ce concept à leur propre couple.

Ça a donné des :

- **MATNESSA** *(pour Mathieu et Vanessa)*
- **BLAIRO** *(pour Blaise et Véro)*
- **MICOSE** *(pour Mickael et Rose)*

On est des feignasses !

On est sur tous les fronts et y a pas à dire, on assure. On est des Superwomen. Ceci étant dit, il faut avouer qu'on est aussi parfois de sacrées feignasses...

- Qui n'a jamais regardé la télécommande posée sur la table, comme si elle avait des **pouvoirs magiques** parce qu'on a bien calé nos pieds froids sous le plaid ?
- Qui ne s'est pas déclenché **une cystite** par flemme d'aller faire pipi ?
- Qui n'a jamais fait un **joli chignon** parce qu'elle avait la flemme de se laver les cheveux ?
- Qui n'a jamais bu son jus d'orange **dans un mug** parce qu'elle n'avait plus un verre propre ? *(Ben quoi, j'allais pas laver la vaisselle pour UN verre !)*
- Qui n'a pas gardé une lettre à poster **dans son sac** pendant des semaines ? *(Ben quoi, j'allais pas aller à la poste pour UNE lettre !)*
- Qui n'a jamais mangé **directement dans la boîte** par flemme de sortir une assiette ?
- Qui n'a jamais instauré qu'on n'avait pas à prendre de douche **le dimanche** ?
- Qui ne s'est pas lavé **uniquement la frange** *(grasse)* pour ne pas avoir à se laver entièrement les cheveux ?
- Qui n'a jamais porté **un maillot de bain** parce qu'elle n'avait plus de culotte propre dans son tiroir ?

Vous ne vous reconnaîtrez pas dans l'entièreté de cette liste, ni même dans l'entièreté de ce livre. Il n'y a que quelques personnes dans le monde susceptibles de se reconnaître dans tous ces chapitres, et on a les noms.

P.-S. : Pour toutes celles qui ont la flemme de déposer un chèque à la banque (quand c'est un chèque de 12 euros j'entends), celui-ci n'est valable qu'un an et huit jours après son émission.

Règle n° 25

> *On n'arrêtera jamais de dire : « Foutu pour foutu... »*

Interdiction d'aller sur le Facebook de votre ex !

Attention ! Vous allez entrer sur le profil Facebook de votre ex et ce que vous allez y découvrir n'est pas joli joli...

Vous allez découvrir que OUI, il est heureux sans vous ! (Mais vous risquez surtout de découvrir que vous êtes une psychopathe.)

Règle n° 1 :
Enlever son ex de Facebook !

Pour la simple et bonne raison qu'on ne pourra pas s'empêcher d'y aller toutes les 5 minutes et découvrir qu'il est heureux dans sa nouvelle vie.

Témoignages :

« Il sourit sur la photo de mariage de sa cousine alors que ça ne fait que deux mois qu'on n'est plus ensemble... Quel salaud ! »

« Je suis sûre qu'il a mis cette photo exprès !! »

« Qui est cette radasse sur la photo à côté de lui ?? »

« Il essaie de faire le mec heureux, mais je vois bien qu'il souffre. »

« Elle a la main sur son épaule !!?? OH MY GOD !! C'est un signe post-coïtal évident !! »

Vous n'avez pas respecté l'interdiction d'aller sur le Facebook de votre ex !

Si vous n'appliquez pas la règle n° 1, nous ne pouvons que vous prédire le pire : une traque acharnée dont vous ne sortirez pas indemne.

- Analyser ses photos taguées, depuis 2006.
- Guetter le « VU » qui apparaîtra à la suite de votre message.
- ·Garder votre téléphone à portée de main pour vérifier s'il vous a laissé un message et regarder l'écran à 16h30, 16h32, 16h33, 16h35...

Tout ce qu'on postera, likera, partagera sera désormais calculé par rapport à lui.

On ira jusqu'à demander à notre pote de commenter « Quel canon ! » sur une de nos photos... Photo que notre ex ne verra pas puisqu'**IL NE VA JAMAIS SUR NOTRE FACEBOOK, LUI**.

Si Facebook engendre chez nous des comportements inquiétants APRÈS une relation, il faut avouer qu'il en est de même AVANT une relation :

- Fouiner/analyser/se projeter...
- Regarder ses photos et se demander si ses amis s'entendraient avec les nôtres.
- Traquer les photos de son ex pour voir à quoi ressemble notre potentielle future ennemie.

Et finir par nous trouver plein de points communs :

« C'est incroyable, il aime le tiramisu, comme moi ! »

« Il a liké la page "Vive la vie !" Et c'est dingue parce que j'ai vraiment failli le faire moi aussi ! »

« Il est contre la guerre ! On a tellement de points communs que ça me donne le vertige. »

Règle n° 26

*On évitera de dire,
en voyant une fille
très bien faite :
« Ben oui, c'est sûr,
moi aussi
si j'avais le temps
et l'argent... »*

« Y a deux écoles... »

La liste ci-dessous est le fruit de longues années de joutes verbales et de mauvaise foi assumée.

Lors d'une discussion, quand vous vous trouvez à court d'arguments, peu importe le contexte, n'hésitez pas à piocher dans la liste ci-dessous.

● *« Les deux se disent. »*

> *Exemple :* « Brodure, ça n'existe pas, c'est broderie !
>
> – Les deux se disent ! »

● *« C'est une légende urbaine. »*

● *« Ça se fait vachement à New York. »*

● *« Comment ça Wikipédia dit le contraire ? C'est qui ce Wikipédia ? De toute façon ça reste un site contributif, il faut quand même se méfier... »*

● *« Pas dans le Sud ! »*

> *Exemple :* « C'est un gros mot "connasse".
>
> – Pas dans le Sud ! »

● *« Non, c'est pas parce que c'est pas sur Internet que ça n'existe pas. »*

● *« À vérifier... »*

> (Quand quelqu'un nous dit qu'on a tort, on aura juste à répondre : « À vérifier... »)

Et notre préféré :
● *« Y a deux écoles ! »*

Stop aux statuts Facebook qui...

Il est un sujet sur lequel nous souhaiterions ne plus avoir à revenir. Pourtant, au regard de ce que nous voyons circuler sur « le minitel mondial », une mise au point s'avère nécessaire.

Il s'agit, vous l'aurez compris, des « statuts Facebook ».

Certains statuts Facebook sont définitivement PROSCRITS.

IL FAUT ARRÊTER ! C'EST INSOUTENABLE !

Exemples :

« Mon chérichou a été malade toute la nuit, il s'est vidé le pauvre ! #gastro. »

« Ce week-end, c'est sortie avec les copines et ça risque d'être la bamboula. »

« Quelqu'un a un remède miracle contre l'herpès ? »

« Ça va pas fort... Mais j'ai pas envie d'en parler. »

« Youhouuu !! Je viens d'apprendre une super nouvelle ! »

« Je pense fort à tous les habitants de Syrie #Bigup. »

Sont donc prohibés les statuts :

- Désignant un compte à rebours : J-6.
- Sur l'état gastrique et/ou consistance des selles de votre enfant/conjoint/patron.
- Susceptibles d'entraîner un débat sur l'état du système économique mondialisé, surtout quand vos notions d'économie se limitent à la page 21 de votre livre d'éco de Seconde.

Internet ou comment rencontrer un psychopathe

On connaît tous quelqu'un qui connaît quelqu'un dont la cousine a trouvé l'amour sur le Net. *(Cf. Le chapitre sur les légendes urbaines.)* Loin de nous l'idée de faire des généralités *(vous connaissez notre sens de la mesure)*, mais soyons honnêtes, on y trouve surtout des psychopathes !

Après des recherches poussées et grâce à un grand nombre de témoignages, nous pouvons ici vous dévoiler le résultat de nos analyses.

Représentation de la population masculine rencontrée sur le net :

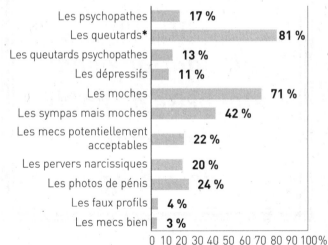

(Évidemment, la plupart cumulent.)

---

* Ceux qui sont là uniquement dans le but de queuter.

Règle n° 27

On admettra
que la mention
« All inclusive »
entraîne
automatiquement
une prise de poids
moyenne
de 2,8 kg.

Parce que la tentation est grande de se dire :
« Pourquoi je ferais l'effort... »

- Pourquoi je ferais un effort ?
Je ne vois personne de la journée...

- **Pourquoi je ferais l'effort de me changer ?
Pour être tachée en 5 minutes à cause du petit ?!**

- Pourquoi je ferais un effort pour mon mec ?
Il m'aime quoi que je porte, non ?!

- **Pourquoi je ferais l'effort de rentrer tôt ?
Personne ne m'attend le soir à part mon chat.**
(Je le soupçonne même de m'ignorer volontairement.)

- Pourquoi je ferais l'effort de cuisiner toute la journée alors qu'ils mettent une tonne de ketchup dans leur assiette ?

- **Pourquoi je ferais l'effort de parler philo ou de faire des blagues pour séduire un homme alors qu'il suffit de rire aux siennes ?**

- Pourquoi je ferais l'effort de faire attention à ce que je mange ?
J'ai pas de vacances cet été.

- **Pourquoi je ferais l'effort de me faire jolie pour aller au travail ?
Mes collègues ne feraient même pas la différence si je venais en grenouillère.**

Comment savoir qu'on ne vit pas dans une comédie romantique américaine

- Nos potes ne ressemblent pas à Patrick Dempsey.

- **Il n'y a pas de musique quand on s'embrasse.**

- On n'a pas de demoiselle d'honneur. *(Même si on demande à nos copines de porter toutes la même robe, personne n'est dupe.)*

- **On n'est pas la petite copine du quarterback.**

- On n'a pas de bal de promo.

- **Le prêtre ne dit pas : « Si quelqu'un veut s'opposer à ce mariage, qu'il parle aujourd'hui ou se taise à jamais. »**

- On n'a pas de casier dans les collèges pour laisser une carte de Saint-Valentin.

- **On n'a pas de voisin sexy.**

- On ne peut pas réclamer de « mandat de perquisition* ».

---

* On vous l'accorde, il est rarement question de « mandat de perquisition » dans les comédies romantiques américaines, mais il nous paraissait important de le préciser ici... Ça vous évitera de vous payer la honte la prochaine fois que les flics se pointeront chez vous.

- **Il ne se met pas à pleuvoir d'un coup quand on court après notre amoureux dans la rue.**

- On n'a pas de cheerleaders. Les populaires chez nous, c'était Greg parce qu'il faisait du skate et Nathalie parce qu'elle avait déjà des seins au collège.

- **Ils ont le « Peach Pit », on a le « Terminus »** *(le bar à côté de la gare où on peut jouer au Rapido).*

- On n'a pas de cérémonie pour nos diplômes avec ce délicieux chapeau carré avec pompom. *(Nous, on se réunit devant un tableau, on regarde les résultats sur Internet et on prépare le rattrapage.)*

- **Si on se met à chanter au milieu de la rue, il n'y a pas d'inconnus qui se réunissent derrière nous pour entamer une chorégraphie.**

- On n'appelle pas notre prof de sport « Coach ».

- **Le mec qui est assis à côté de nous dans le train n'est JAMAIS un beau gosse.**

- L'amour ne sonne jamais à la porte. D'ailleurs personne ne sonne jamais à la porte *(Interphone, Digicode, sas de sécurité, sas de décompression...).*

- **Quand on emménage, aucun voisin ne vient nous accueillir avec un panier de muffins ou un plat de macaronis au fromage.**

Le retour de la « *badass* »

Nous avons en nous de multiples personnalités qui s'expriment différemment selon les circonstances. L'une d'entre elles a tendance à parler plus fort que les autres, à rire plus fort que les autres, à avoir ce qu'on appelle la « connerie ».

Il s'agit de la « *badass* » (traduction de « dure à cuire » en anglais).
La *badass* est en quelque sorte notre « double diabolique », notre « jumelle maléfique ».

Elle se dévoile toujours à un moment charnière de la soirée. Vous la reconnaîtrez aisément, elle nous ressemble beaucoup mais n'est pas vraiment nous.
En fait, c'est nous, mais en pire !

Pour pouvoir bien différencier le « nous » de notre « double *badass* », nous avons pris l'initiative de lui donner le même prénom que nous, mais en rajoutant « ass » à la fin.

Exemple :
Jessica devient « **Jessicass** ».
Nathalie devient « **Nathalass** ».
Mounia devient « **Mouniass** ».

« *C'est pas vraiment moi qui danse sur ce podium, c'est Mathildass.* »
« *J'ai comme l'impression que Lolass va poser une galette...* »
« *Je serais incapable de tromper mon mec, Sophiass par contre...* »

Règle n° 28

On évitera de dire qu'on veut ouvrir une chambre d'hôtes juste parce qu'on aime la déco.

Notre ex, cette girouette

- *Lui* : « Je ne suis pas sûr d'être prêt à être en couple. »

  Quelqu'un l'a croisé à IKEA avec sa nouvelle copine.

- *Lui* : « On partage ? »

  Il vient d'offrir une voiture à sa nouvelle copine.

- *Lui* : « Ça va trop vite entre nous. »

  Une Hollandaise de 20 ans qu'il connaît depuis deux semaines vient de s'installer chez lui.

- *Lui* : « J'ai peur de l'engagement. »

  On apprend qu'il va se marier.

- *Lui* : « Je ne veux pas d'enfants. »

  On apprend qu'il va bientôt être papa.

● *Lui :* « Ne compte pas sur moi pour te faire à manger. »

➙ **Il vient de s'inscrire en couple à « Top Chef ».**

● *Lui :* Il n'a jamais voulu nous accompagner à la piscine.

➙ **Il s'est inscrit à un cours de yoga Bikram avec sa nouvelle copine.**

● *Lui :* Il n'a jamais voulu que vous preniez un animal.

➙ **Il a adopté un joli petit jack russel avec son nouveau copain*.**

Quoi que vous fassiez, évitez de lui dire :

« Tu n'en trouveras plus jamais une comme moi ! »

Il risquerait de vous répondre :

« C'est le but ! »

---

* Dans ce cas précis, le fait qu'il ait adopté un chien n'est sûrement pas ce qui vous a le plus étonnée.

Comment se donner
une contenance

« Se donner une contenance » = manière qu'a quelqu'un de se tenir en telle ou telle circonstance. (Cf. déf. Larousse.fr)

Parce que contrairement à la femme parfaite, il nous arrive très souvent de ne pas nous sentir à l'aise, voire de nous sentir seule, nulle, inutile...

Liste des choses qui nous feront passer le temps et nous feront paraître très occupée, ou très importante parce que très occupée :

- Apprendre par cœur l'étiquette de la bouteille de vin quand on attend quelqu'un au restaurant.
- **Relire les vieux textos et les classer par ordre d'importance.**
- Lire les plans d'évacuation incendie dans une salle. (« Excusez-moi, mais je suis très occupée, j'essaie de situer l'escalier B. »)
- **Ranger les applications de son portable par dégradé de couleur.**
- Compter le temps que met une rondelle de citron pour remonter à la surface de notre gin tonic.
- **Prendre une position physique qui semble dire : « Hey ! Je suis très à l'aise et complètement détendue alors que personne dans cette soirée ne semble vouloir m'adresser la parole. »**
- Enlever entièrement son vernis à ongles avec les ongles et/ou les dents.
- **Enlever une à une les bouloches de notre pull. (La femme parfaite ne peut pas parce que son pull à elle ne blouche pas.)**

Pourquoi les femmes vont-elles à deux aux toilettes ?

Certains mystères restent irrésolus...
ET C'EST peut-être MIEUX AINSI*.

---

* La réponse « Pour se tenir la porte » ne sera pas retenue car cela fait bien longtemps qu'il y a des verrous aux portes. À moins évidemment que vous ne sortiez régulièrement dans des saloons.

Règle n° 29

*On admettra
que les mots les plus
doux à l'oreille
ne sont pas*
« Je t'aime » *mais*
« Buffet à volonté. »

On ne sait pas prendre de décision

On passe notre vie à faire des choix, mais quelquefois le mécanisme s'enraye et la moindre prise de décision nous paraît tout simplement insurmontable : Quoi commander ? Que choisir ? Quoi lui répondre ??

> *« Je vais prendre un thé. Non, une vodka. Non, un thé... »*

> *« J'ai longtemps hésité entre Julien et Stéphane, et puis je suis sortie avec Mélissa. »*

> *« J'ai fait 4 premières années à la fac : médecine, archéo, psycho et danses folkloriques. »*

Le deuxième cas de figure consiste à prendre enfin une décision sans réussir à s'y tenir.

> *« J'ai acheté* L'espagnol facile *en 1998. J'en suis à la leçon 2. »*

> *« Je n'ai pas fini mon tatouage... Trop mal. »*

> *« J'ai 17 livres entamés sur ma table de chevet. »*

> *« J'ai commencé l'épilation définitive, mais je ne suis pas allée jusqu'au bout. »*

STOP à la culpabilité ! Ce n'est pas que nous n'avons pas de volonté, c'est plutôt que nous avons une légère tendance à changer d'avis, à vouloir étudier d'autres options.

> *« Plus tard, je serai "princesse/pompier" ou "président de la République/joueur de quidditch". »*

Finalement, pourquoi faudrait-il choisir ?
Nous sommes des femmes... Nous pouvons tout faire !

On a peur de ne pas être invitée à la boum de Raoul... encore à notre âge

La femme parfaite est toujours à l'aise, elle a une confiance en elle et en l'avenir qui force l'admiration.

A contrario, on a tellement peu confiance en nous qu'on en devient paranoïaques.

Ça vient sûrement de l'enfance et de la trouille de ne pas être invitées à la boum de Raoul.

<u>Témoignages :</u>

« Quand on me fait un compliment, je pense toujours que cette personne se force et/ou a pitié de moi. »

« Quand mon boss me félicite, ça me panique ! C'est vrai, il a l'air surpris par mon efficacité. »

« J'ai la trouille que personne ne vienne à mon enterrement. »
    (Anniversaire, pot de départ).

« J'ai toujours l'impression que les stagiaires me jugent et me trouvent incompétente. »
    (C'est sûrement le cas... Et surtout n'oubliez pas qu'ils convoitent votre place, alors restez vigilante !)

« Quand je me retrouve dans une soirée avec des gens cool, j'ai souvent peur qu'on me demande de partir : "Excusez-moi mademoiselle, mais il faut partir car... Vous n'êtes pas cool !" »

Les gens ne vous veulent pas forcément du mal...

OK, sauf Christelle qui, elle, vous déteste... Mais bon, on sait tous que Christelle* est une connasse.

---

* Petit message à toutes les Christelle : on n'a vraiment rien contre vous. On devait choisir un prénom et c'est tombé sur celui-ci, mais en vrai, on vous kiffe.

Quand ta copine t'annonce qu'elle est enceinte...

On pense spontanément :

« Super... On ne va plus parler que de ça pendant les dix prochains mois*. »

« Et moi qui préparais mon mariage... Elle est en train de me voler la vedette. »

« Hihi !! Qui c'est qui sera plus grosse que moi cet été ? »

« Merde... Avec qui je vais partir au Club Med, moi ? »

Rhooo, mais bien sûr qu'on est heureuses pour elle ! Les plus heureuses, même ! Mais on estimait qu'étant donné le degré d'intimité et de confiance réciproque qu'on avait tissé à travers ce livre... Il était inutile de le préciser !

Alors ?! Qui se sent bête là tout de suite ?!!
Bon, reprenons le cours de notre histoire...

Réactions de connasse :

« Et tu vas le garder ? »

« Tu sais qui es le père ? »

« Ça me rassure, je pensais que tu avais encore abusé des "buffets à volonté". »

« Et tu n'es pas mariée ? »

« Toi maman ?! Hahahaha !! »

---

* Ah non, on nous fait signe que ce sera plutôt « les dix prochaines années ».

Règle n° 30

*On n'oubliera pas
que les gens
de la mode
ne nous veulent pas
forcément du bien.
Certaines choses
ne deviennent
à la mode
que dans le but
de nous humilier.*

Comment réussir une intervention

Intervention = action d'intervenir.

On retrouve cette pratique dans différentes séries américaines. « L'intervention » est l'action de se réunir entre amis lorsqu'on a quelque chose à annoncer et/ou à reprocher à l'un d'entre eux.

Il est des défauts, des choses horripilantes que notre ami s'obstine à faire mais que l'on a ni l'envie, ni le courage, d'évoquer avec lui.

Pourtant, il devient quelquefois nécessaire d'agir et de lui organiser une réunion pour le mettre enfin face à ses problèmes.

1. Ménagez le suspense : il faut le prendre **par surprise**. Lorsqu'il entrera dans la pièce, ses amis seront réunis, en train de l'attendre...

2. Équipez-vous d'une pancarte **« INTERVENTION »** pour qu'il n'y ait pas le moindre doute sur les raisons de votre présence.

Exemples de sujet d'intervention :

- Il fait la **même blague** depuis 1998.
- Sa copine est une **connasse**.
- Il se considère comme un **« rasta blanc »**.

« Les vieilles pantoufles "Homer Simpson" de mon mec puent, il faut qu'il s'en débarrasse. »

« Sanaka et Arsen s'obstinent à faire des jeux de mots en notre présence. »

« Rachel abuse des UV et pense que ça fait naturel, elle est orange ! »

Le gratteur d'amitié

En amitié, il existe des règles que nous pensions ne pas avoir à préciser. Pourtant, au vu de ce qui nous a été rapporté, il est plus que nécessaire de théoriser le principe suivant :

Lorsqu'on nous présente une personne *(exception faite du domaine sentimental)*, **on ne doit pas revoir cette personne sans proposer à celle/celui qui nous l'a présentée de se joindre à nous.** *(Au moins la première fois.)*

ON NE SQUEEZE PAS L'INTERMÉDIAIRE !

On l'appelle communément **« Le gratteur d'amitié »** :

- Il contacte tes amis pour les voir quand tu n'es pas là.
- Il demande automatiquement tes amis sur Facebook.
- Il vient d'arriver et fait déjà des private jokes avec tes collègues.

Le gratteur de famille :

- Il va manger chez tes parents... sans toi.
- Le nouveau petit copain/copine d'un membre de notre famille s'incruste à Noël.
- Ton père l'appelle « Fils ».

Le gratteur de vie :

- Il s'habille comme toi.
- Il parle comme toi.
- Il se fait passer pour toi.

Prenons garde ! Si nous étions dans un film, on retrouverait notre chat dépecé au fond de notre jardin...

Si tu es désagréable, c'est que tu es quelqu'un d'important

Nous nous demandions pourquoi certaines personnes évitaient sciemment d'être agréables avec les gens.

Par exemple, pourquoi refusent-elles de sourire au videur à l'entrée d'une discothèque ?

Eh bien nous avons la réponse : pour ces gens-là, si tu es désagréable c'est que tu peux te le permettre et par conséquent que tu es quelqu'un d'important. CQFD.

WTF* ??!! Qu'est-ce qui a bien pu se passer dans l'enfance de ces gens-là pour qu'ils aient un si grand besoin d'amour ??!

Il existe une variante qui consiste à se rendre dans une soirée en étant habillé de la façon la plus négligée possible parce que faire un effort vestimentaire insinuerait que tu as besoin de ça pour entrer.

Témoignage : « *Moi, je rentre aux Caves du roi avec des baskets pourries.* »

> **Réaction supposée :** « *Whouaou ! Qu'est-ce que tu dois être quelqu'un d'important et d'intéressant ! J'ai par conséquent une irrépressible envie de faire du sexe avec toi.* »

>> **Réaction préconisée :** « *Ho bichon, j'en connais un qui a des choses à prouver... Viens là que je te fasse un gros câlin.* »

---

* *What the fuck ??!!* (C'est de l'anglais.)

Le frisson de la honte

Il existe une variante à la « perte de dignité » qu'on appelle le « frisson de la honte ». Il s'agit du moment où on est très mal à l'aise pour quelqu'un d'autre, où on a honte pour lui.

On voit arriver le « frisson de la honte » de loin, mais quand il est lancé, nul ne peut l'arrêter.

Quelques exemples :

- **Quand une personne tend la main en signe de « Give me five ! » et que personne ne lui tape dans la main.**
- Quand une personne insiste pour expliquer sa blague. *(Si on n'a pas ri, ce n'est pas parce qu'on n'a pas compris.)*
- **Quand une personne drague ouvertement quelqu'un alors qu'elle n'a aucune chance.**
- Quand quelqu'un prend la parole alors qu'on sait qu'il va dire une ÉNORME bêtise.
- **Quand on regarde *Confessions intimes*.**

Le principe du coussin :

On reconnaît aisément qu'on est en présence d'un « frisson de la honte » quand, en regardant quelqu'un s'humilier à la télévision, on prend automatiquement un coussin pour le mettre devant nos yeux tellement on est mal à l'aise pour lui.

Règle n° 31

*On évitera
de montrer une photo
de son animal
de compagnie
lorsque quelqu'un
nous montre
une photo
de ses enfants.*